忙しい先生のための

削る仕事術

西尾勇佑

明治図書

はじめに

なぜ「削る」のか。

現在は、仕事の効率化や学級づくり、授業づくりに関する書籍が多数出版されています。書籍を買わずとも、SNSなどで多くの情報を入手することができます。

熱心な先生ほど、「効率化のために○○を取り入れよう」「今年度の学級づくりでは、○○に取り組んでみよう」など、様々なことにチャレンジされていると思います。

私自身も「新たなことに挑戦する」のが好きで、様々な研究会に参加しては、そこで学んだ実践を自分の学級でも試してみるということを繰り返していました。しかし、上手くいったという実感をもてることは少なく、失敗ばかりを繰り返していました。

「なぜ、上手くいかないのか」そう考える度に、学級や授業づくりに関する新たな知識を入手し、また失敗を重ねる。そんな繰り返しの中でようやく、新たなことに目を向ける前に、自分自身が現在取り組んでいることと真剣に向き合う重要性に気づきました（なぜもっと早く気づかなかったのか…）。

当たり前のように行っていた「日直」や「係活動」、特に意味のない「授業規律」など、細かな部分にまでしっかりと目を向け、改めて目的に立ち返って考えることで、子どもたちに納得のいく説明ができないことばかり行っていたことに気づきました。そこからは、新たなことを取り入れるばかりでなく、現在の取り組みに関する不必要な部分を削り、よりよい形へと仕組みを整えていく作業に力を入れていきました。日々の業務や学級づくり、授業づくり、どの場面でも同じように。そうすることで、働き方や子どもたちの様子に前向きな変化が現れ、ようやく歯車が上手く回り始めました。

学校現場では、「子どものため」という理由から、現在取り組んでいる教育活動を縮小したり、廃止したりするハードルが高くなってしまいがちです。しかし、何かを始める前に、何かを「削る」ということは当たり前のことです。また、多忙な学校現場においては、何かを始める場合に限らずとも、削るべき部分は多数存在します。

「上手くいかない」と思う時こそ、一歩立ち止まって、本書の実践例を参考に「削る」ということを考えてみてください。

２０２４年５月

西尾勇佑

CONTENTS

第1章

目的思考で削る日常業務14のポイント

第2章 目的思考で削る学級経営17のポイント

Column

序章

「削る」「捨てる」の本質を捉える

1 「削る」とは、仕組みを整えること

「削る」と「捨てる」の違い

本書のテーマは「削る仕事術」です。ここでは、削るという行為についての基本的な考え方を紹介します。

まず、「削る」と混同されてしまいがちな言葉として「捨てる」がありますが、この二つには明確な違いがあります。鉛筆を例に挙げると、「鉛筆を削る」という行為と「鉛筆を捨てる」という行為は全くの別物です。削るとは、不必要な木の部分のみを削り、必要な芯の部分は残しておくことです。一方、「鉛筆を捨てる」という行為は、芯の部分まで捨ててしまうことになります。鉛筆は削ることにより、本来の目的である「紙に文字を書

く」ことが可能となります。この鉛筆の例のように、削るとは、目的に沿ったより本質的な形へと仕組みを整えていくことであると考えています。

仕組みを整える

教育活動も、この鉛筆と同じです。どんな教育活動も子どもたちのために行われています。時には思い切って捨てることが必要な場合もありますが、何かを丸々捨てるというのは難しいものです。しかし、時代背景や子どもたちの変化によって、これまで長年行われてきた教育活動にも削るべき部分は必ず生まれてきます。

教育活動だけでなく、日常の業務でも同じです。長年、教師の業務量の多さが課題として挙げられているからこそ、現場レベルや個人レベルでも、不必要な部分を削ることによって、よりよい形へと仕組みを整えていくことが重要になってきます。

不必要な部分を削るからこそ、これまで隠れていた部分が見えてくるようになり、より本質的な仕事に注力できるのです。

2 物を捨てることで、時間が生まれる

「削る」ではなく「捨てる」べきもの

さて、ここまで捨てるのではなく、削るのが重要であるという話をしてきたところですが、中には丸々捨てるべきものも存在します。削るについて話をする前に、まずは捨てるべきものについて紹介をしていきたいと思います。それは、「物」「固定観念」「承認欲求」です。順を追って説明していきます。

物を捨てる目的

仕事を行う上で、なんとなく「物を捨てて整理整頓するのは大事」という考え方は誰しもがもっていると思います。その理由はなんでしょうか。スッキリした場所で仕事をした方が気持ちが良いからでしょうか。はたまた、周りの人に迷惑がかかるからでしょうか。どちらも間違った考え方ではありませんが、仕事という文脈での物を捨てる目的は「時間を生み出す」ことにあります。

仕事の効率をアップさせたい人が陥りがちなこととして、「丸付けのスピードを上げる方法」「提出物の素早いチェック方法」など、実際の作業時間ばかりに目を向けてしまうことがあります。しかし、どんな単純な仕事であっても、実際の作業時間以外に「物を探す時間」や「作業に取り掛かるまでの時間」が存在しています。そして、この「物を探す時間」を減らすことこそが仕事効率アップの第一歩であると言えます。

「物を探す時間」は一つひとつだけを見ると大したことはないかもしれません。しかし、「デスクの紙の山から必要な書類を探す」「大量なデータの中から、必要な資料を探す」など、毎回毎回積み重なると膨大な時間となります。

第1章以降で、タブレットのデータやデスクの整頓についても紹介していますが、物を捨てて量を減らすことがすべての基本となってきます。

3 承認欲求を捨てることで、心に余裕が生まれる

承認欲求を捨てる勇気をもつ

「同じ学年の先生に仕事ができると思われたい」「先輩から仕事をしないやつだと思われたくない」。このような思いを抱いたことはありませんか。私自身はずっと思っていました。しかし、これら承認欲求をもとにした行動は、長期的に見ると自分を苦しめる結果につながることが多くあります。

ベテランの先生と学年を組んだ時には、「仕事をしないと思われたくない」という思いから、特に今しないといけない仕事はなく、内心「帰りたいな」と思いながら、学校に残って仕事をしていました。先輩から評価されたくて、研究会終わりの飲み会にも参加し、

二次会や三次会まで付き合いで残っていたこともありました。

短期的に見れば、承認欲求が良い結果をもたらすこともあり、そのすべてを捨てることはなかなか難しいです。しかし、他人の目を気にして、他人のために時間を使い続けるという選択では、自分自身の心に余裕ができることはありません。自分自身を疎かにして他者からの評価を得ても、それは長続きしません。

先輩や周りの目を気にして、残って仕事をしていたという話をしましたが、ある時から、思い切って定時で帰るようにしました。よくよく考えれば当然のことかもしれませんが、早く帰ったからといって、怖れていたようなことは何もありませんでした。そこからは、今まで気になっていた「周りの目」は、全然気にならなくなりました。「今日から承認欲求を捨てる！」なんて思い切った思考の切り替えはしていませんが、徐々に、不必要な飲み会を断ったり、仕事を自分一人で抱え込まず周りの人に適切に割り振ったり、他人でなく、自分を軸にして働くことで、心に余裕をもつことができています。

仕事を効率化する目的は、心に余裕をもって働けるようになるためです。しかし、仕事の効率化に関するノウハウを身につけるだけでは、それを実現することはできません。今述べたような、自分自身の心のあり方にも目を向ける必要があります。

4 固定観念を捨てることで、自分の中に問いが生まれる

教育現場における固定観念

教育現場では、あらゆる「こうあるべき」が存在しています。

例えば、校内研究授業の指導案には、板書計画が載っていることがよくあります。そこに、教師の意図があるのであれば良いのですが、その先生が「指導案には板書計画を載せるべき」という固定観念に縛られていることがあります。授業には様々な形があり、一斉指導ベースのものもあれば、探究ベース、自由進度ベースのものもあります。しかし、「板書計画を載せるべき」、もっと言えば、「授業には板書が必須」という固定観念に縛られてしまうと、それだけ授業としての枠組みや可能性も狭まってしまうことになります。

授業だけでなく、学級や日々の業務においても固定観念は存在します。「学級には日直という制度をつくるべき」「連絡帳を書くべき」「宿題は毎日出すべき」「朝や放課後に職員打ち合わせを行うべき」などなど、具体例を挙げれば、枚挙にいとまがありません。

固定観念を捨てることで問いが生まれる

このような固定観念は、自分自身が受けてきた教育、これまでに学び得た知識や勤務経験から形成されます。しかし、時代の変化や目の前の子どもたちの変化によって、求められるものも常に変化しています。そのことを意識し、これまで当たり前のように継続されてきたことに対しても、「この方法は適切か?」「これは本当に必要か?」というクリティカル（批判的）な視点をもつことが重要です。

その思考の先に「問い」があり、自分の中で問いが生まれるからこそ、新たな知識を吸収し、その問いに対する解決策を考え出すことができるのです。

5 常に目的を意識する

改善策を考える前に

固定観念に縛られず、問いをもつことが重要であるという話をしました。学校現場には様々な教育活動や業務が存在し、それらについて、「この方法は適切なのか」という視点から問いをもち、日々工夫改善を重ねている先生は、既にたくさんおられるかと思います。その「方法の改善」が重要であることは言うまでもありません。しかし、本書ではそれらの活動について、そもそも「なぜそれを行うのか」という目的や必要性から徹底的に、しつこいほどに考え抜いています。

その目的を抜きにして、方法の改善のみが先行してしまうと、本当に必要な部分を削ってしまったり、削ることができる部分に気づくことができなかったりします。また、削らないということに関わらず、手段が目的化された教育活動は、子どもたちにとっても不利益になりかねません。

目的や必要性を自分で考える

目的や必要性は人によって変わってきます。私が書いているものと違っても、自分自身が納得いく形のものであれば問題ありません。自分自身が納得のいく目的を起点とすることで、現在の取り組みとのギャップが可視化され、教育活動の本質を残して不必要な部分を削ることができます。

第2章以降では、具体的な実践例を多数紹介しています。それらを直接的に取り入れることも可能ですが、紹介できる数には限りがあります。最終的には、具体的な実践を通して述べている考え方を身につけ、自分自身の身の回りの事象に転用していくことで、業務のスリム化や効果の高い教育活動を実践していくことができると考えています。

第１章

目的思考で削る日常業務14のポイント

自分で週案を作成する

週案の重要性

週案は、教師の仕事にとって必要不可欠な物です。授業の予定や放課後の会議の予定など、先々の仕事の予定はすべて週案に集約されています。

このことが何を意味するのか、それは「常に持ち歩く必要がある」ということです。

私のように家で教材研究をしたりする場合には、学校内だけでなく自宅にも持ち帰る必要があります。

タブレットを活用するメリット

常に持ち歩く必要のある週案を、紙ではなくタブレットで管理することによって、「荷物が増えることによる手間やストレス」「忘れて取りに戻るというリスク」を削ることができます。

私の仕事スタイルとして、週案の有無に関わらずタブレットは必ず持ち歩いています。であれば、その中で週案も管理してしまうのが最も合理的です。

教科書やノートなど、何かと持ち物が多くなってしまう教師にとって、一つでも物理的な物を減らすというのは、効率アップにつながる重要な視点です。

自分で週案を作成するメリット

これまでは、週案をタブレットで管理してはいるものの、フォーマットは市販の物を活用し、タブレット上に手書きで文字入力をしていました。しかし、今年からはキーボード入力を前提として、Numbersという表計算アプリを使用し、フォーマットから自分で作成しています。

半年以上使用していますが、全く問題なく使うことができています。それどころか、自分で作成することによるメリットも多数感じています。

具体的には、

- ・プルダウンを設定することで入力の手間を省くことができる
- ・日付と曜日を変更することで、毎年使うことができる
- ・Todoリストをセットにするなど、自分に合った形にできる
- ・iCloudに保存することでiPhoneからも閲覧や編集ができる

といったところです。

「週案を立てる」という作業をなくすことはできなくても、物理的な「週案」を手放して、効率の良い形にアップデートしていくことはできます。毎日のように行う作業だからこそ、最初に時間をかけてでも、仕組みを整えていくことが重要になってきます。

プルダウンの設定で入力する手間を省きます。

土日の下スペースを活用してTodoリストを作成します。

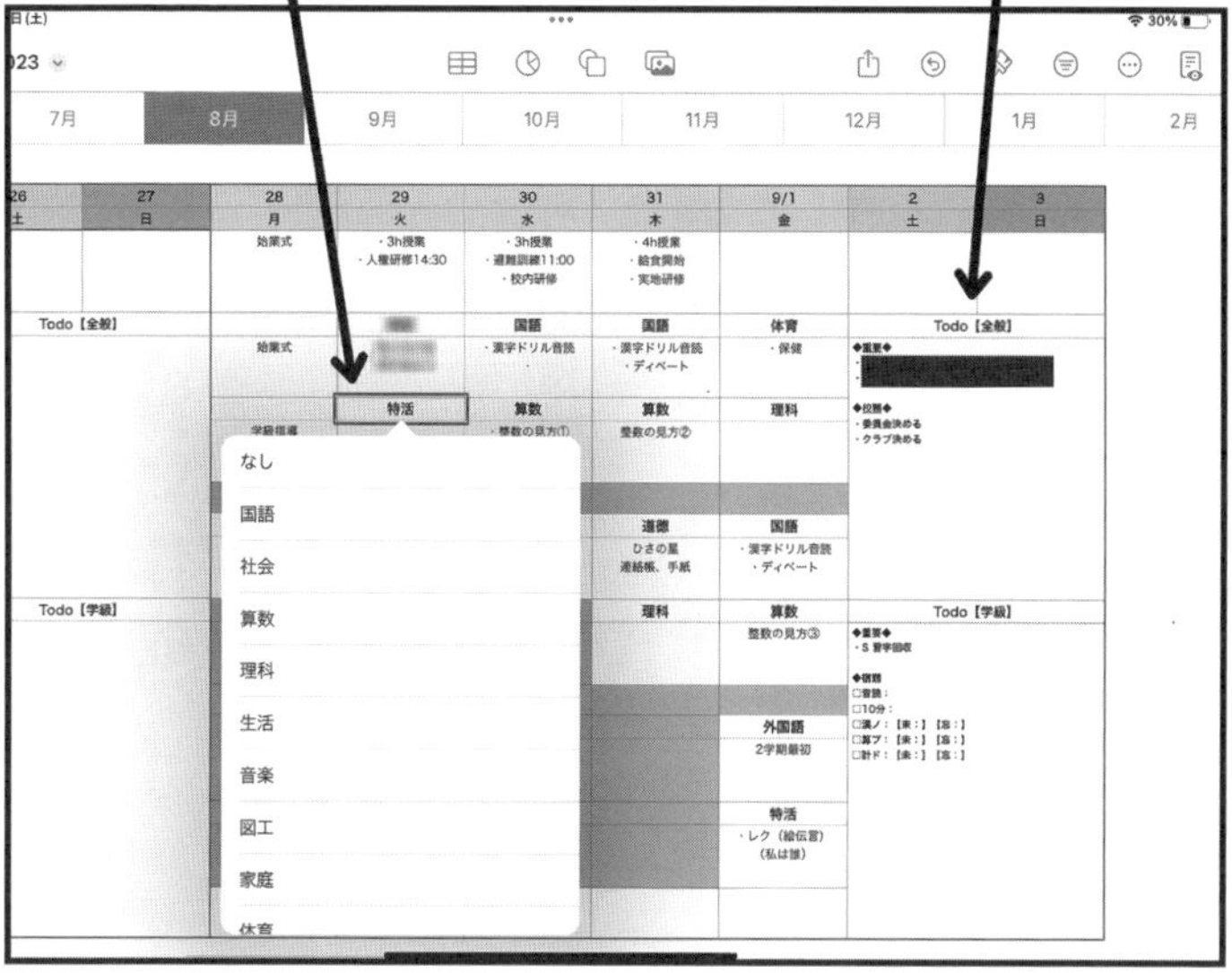

ショートカットを作成しておくことで、ホーム画面からすぐに週案を開けるようになります。

本書ではApple純正のNumbersを活用していますが、他の表計算ソフトでも同じように作成することが可能です。

2 校務用ＰＣでの資料作成

タブレットで資料作成

様々な資料の作成

教師の仕事は授業や学級指導など直接的に子どもと関わるものだけではありません。それらに必要な準備物や事務的な作業として、

・分掌部会や職員会議で使う資料作成
・授業や学級づくりのための資料作成
・校内研修で使用する資料作成

などなど、様々な資料を作成する場面が存在します。この資料を作成するためのツールとして、基本的には校務用ＰＣを選択する人が多いのではないでしょうか。

タブレットで資料を作成するメリット

私はこれらの資料をすべてタブレットで作成します。具体的には、iPadにキーボードをセットし、PagesやKeynoteというアプリを用いて作成します。iPadを持っていないという人も、WordやPowerPointがあれば基本的に問題ありません。

上の写真は、家の近くのカフェで職員会議用の提案資料を作成している時のものです。タブレットで作成することによって資料の質が劇的に向上するというわけもなく、いたってシンプルな資料を作成しています。むしろ、PCの方がツールとしての機能は充実しているでしょう。

では、なぜタブレットで資料を作成するのか。それは、「作業に取り掛かるまでの時間」を削ることができるからです。

作業に取り掛かるまでの時間を削る

仕事を効率化する上では、実際の作業時間をどう削るかということばかりを考えるのではなく、その作業に取り掛かるまでの時間をどう削るかという視点をもつことが重要です。例えば、職員会議の提案資料を校務用PCで作成する場合には、職員室という場所でしか作業ができなくなってしまいます。であれば、授業の空き時間に作業をしようと思い立った時に「教室から職員室に移動する」という時間が発生します。

家にいる場合も同じです。初任の頃の私は、土日に来週必要な資料作成をしようと考えた時に、片道30分以上かけて自宅から職員室に移動していましたが、今考えると非常に効率の悪い働き方をしていたなと感じます。

このような作業に取り掛かるまでの時間を徹底的に削るために必要なことは、どこでも仕事ができる環境を整えるということです。

そして、どこでも仕事ができる環境を整えるためには「仕事に必要なものを一ヶ所に集約する」ということが重要になってきます。

仕事に必要なものを一ヶ所に集約する

自分が仕事をする上で必要なものを洗い出し、それらを一ヶ所（ここではiPad）に集約しておくことで、隙間時間などに即座に作業を開始することができます。私が集約している主なものとしては、次のようなイメージです。

- スケジュールの管理…週案、行事予定表
- 資料の作成…Pages、Keynote
- 教材研究…教科書、ノート
- 参考資料…過去のデータ（OneDrive）

細かく言えばもっとありますが、これらのものがタブレット一ヶ所に集約されていれば、どこでも仕事を始めることができ、作業に取り掛かるまでの時間を圧倒的に短縮することができます。

PDF化してデータで保管する

書類を保管する時に重要なこと

大量の書類を紙で保管するのではなく、PDF化してデータで保管するのが良いというのは誰しもが聞いたことのある話だと思います。整理整頓や書類の保管という文脈だけでなく、職場でのペーパーレス化が進み、会議の資料が紙での配付からデータ共有に変わってきた影響もあるかと思います。

ですが、それを鵜呑みにして実践してしまうと、

「PDF化したデータがどこにいったかわからなくなってしまった」

なんていうことになりかねません。物理的な量が把握しにくいデータだからこそ、保管が

難しくなるというデメリットもあります。

実際に私の周りからも「タブレットの中がブラックボックスになってしまっている」と悩んでいる話を聞いたことがあります。

そんなことを言いながら、私自身も気を抜いたらすぐにフォルダ分けされていないデータでいっぱいになり、何がどこに行ったかわからなくなってしまいます。下の写真は、書類ではなくKeynoteで作成した授業用のスライドやプリントですが、あっという間にデータだらけになってしまいます。

では、書類をデータ化することに意味はないのでしょうか。

私はそうは思っていません。しかし、書類を保管する上で重要なことは、データ化すること自体ではなく、「物の保管場所を明確にする」ということだと考えています。

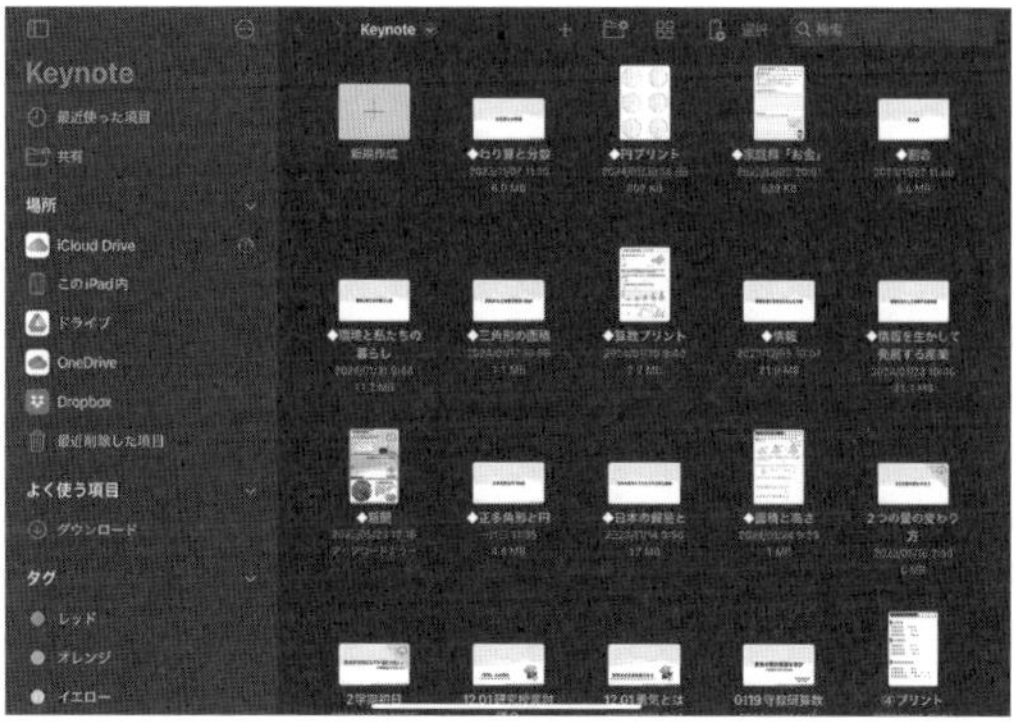

仮に、書類をデータ化せずとも紙で保管場所を明確にできているという人は、無理やりデータ化する必要はありません。

保管場所を明確にするために

では、保管場所を明確にするために必要なことはなんでしょうか。

保管場所を明確にするために、「物の住所を決めたり」「時系列で保管したり」など、既に知っていることや工夫しているポイントもあると思います。

そこで、ここでは抽象的なノウハウではなく、私自身が実際に実践している具体的な方法をお伝えしていきます。

まず、書類の保管場所を決めるためには、「閲覧頻度」に着目して、保管場所を考える必要があります。なぜなら、閲覧頻度が高い書類と低い書類を同じ場所に保管してしまうと、フォルダの階層が深くなりすぎてしまい、必要なデータにアクセスするのに時間がかかってしまうからです。

具体的な例としては、次のようなイメージです。

・閲覧頻度が高い…行事予定表や年間計画など仕事を行う上で頻繁に閲覧する書類
・閲覧頻度が低い…昨年度の資料など、限られた時にしか閲覧しない書類

閲覧頻度が高い書類はGoodnotesに保管をして、閲覧頻度が低い書類はOneDriveに保管をするという形で、保管場所を明確に区別しています。

また、閲覧頻度とは別に、研修案内など書類を必要とする日時が明確に決まっているものは、週案に直接添付をして保管をしていきます。

このように私が書類の保管場所を決める際には「閲覧頻度が高い」「閲覧頻度が低い」「必要な日時が明確に決まっている」という3つの観点から考えています。

詳しくは次項にてお伝えしていきます。

4 紙で書類を保管する

PDF化したデータを仕分けする

閲覧頻度が高い書類の保存について

では、前項で説明した書類の保管方法について具体的に説明していきます。

まず閲覧頻度が高い書類は、Goodnotes にフォルダ分けをして保存をしています。Goodnotes を選択している理由としては、「メモしやすい」「即座にクラウド同期できる」「カメラを使って即座にPDF化できる」という点が大きな理由です。

例えば、行事予定が机上に配られていたら、すぐに写真を撮って Goodnotes の行事予定フォルダに保管し、紙は必要ないのでその場で処分します。

そして、その後に予定変更があれば、メモ機能で簡単に追記することができます。

フォルダ分けの仕方は、次のようなイメージです。

・第一階層…大ジャンル【①学校全般②学年、学級③校務分掌】
・第二階層…中ジャンル【例：②学年、学級→専科予定・授業・アカウントなど】
・第三階層…小ジャンル【例：授業→国語・算数・理科・社会】

例えば、「テストの解答」であれば、小ジャンルの各教科のフォルダに保管しています。週案を作成するのに確認する「時間割表」であれば、中ジャンルの学年、学級のフォルダに保管しています。

フォルダ分けをする際は時系列を基本とすることが多いですが、閲覧頻度の高い書類はそこまで数が多くないため、すべてジャンル分けで保管しています。

▼閲覧頻度が低い書類について

閲覧頻度が低い書類については、OneDriveで保管します。

そのままGoodnotesを使わない理由としては、「階層が深くなりすぎてしまう」「PDF以外のデータも一元管理できる」「データ容量が大きい」という点からです。私は自治体でMicrosoftのアカウントが配布されているのでOneDriveを使用していますが、他のクラウドを使用しても問題ありません。

フォルダ分けの仕方は、次のようなイメージです。

・第一階層…時系列【2018/2019/2020/のように年度ごとにフォルダ分け】
・第二階層…ジャンル【①学年②学級③授業④分掌⑤全般】

第三階層以降は、その時々で必要なフォルダを作成しています。PDFだけでなく、Numbersで作成した給食当番表の原本や、Wordで作成した数年前の指導案など、過去のデータはすべてOneDriveに保存しています。

数年前に作成したデータについては、「あのデータを作成したのは2年生の担任をしていた時だったな」という感じで記憶していることが多いので、第一階層で年度ごとに仕分けをしておくと、すぐに必要なデータを見つけることができます。

必要な日時が明確に決まっている書類について

書類の中には、必要な日時が明確に決まっているものが存在します。具体的には、研修の場所等が記載された案内や避難訓練の要項などです。

それらの書類は、その日時に必ず目を通す場所に保管しておくことで「どこにいったかわからない」ということを確実になくすことができます。

それは、教師であれば「週案」です。デジタルの週案であれば、写真を撮って余白スペースに貼り付けておくだけなので、手間もかかりません。

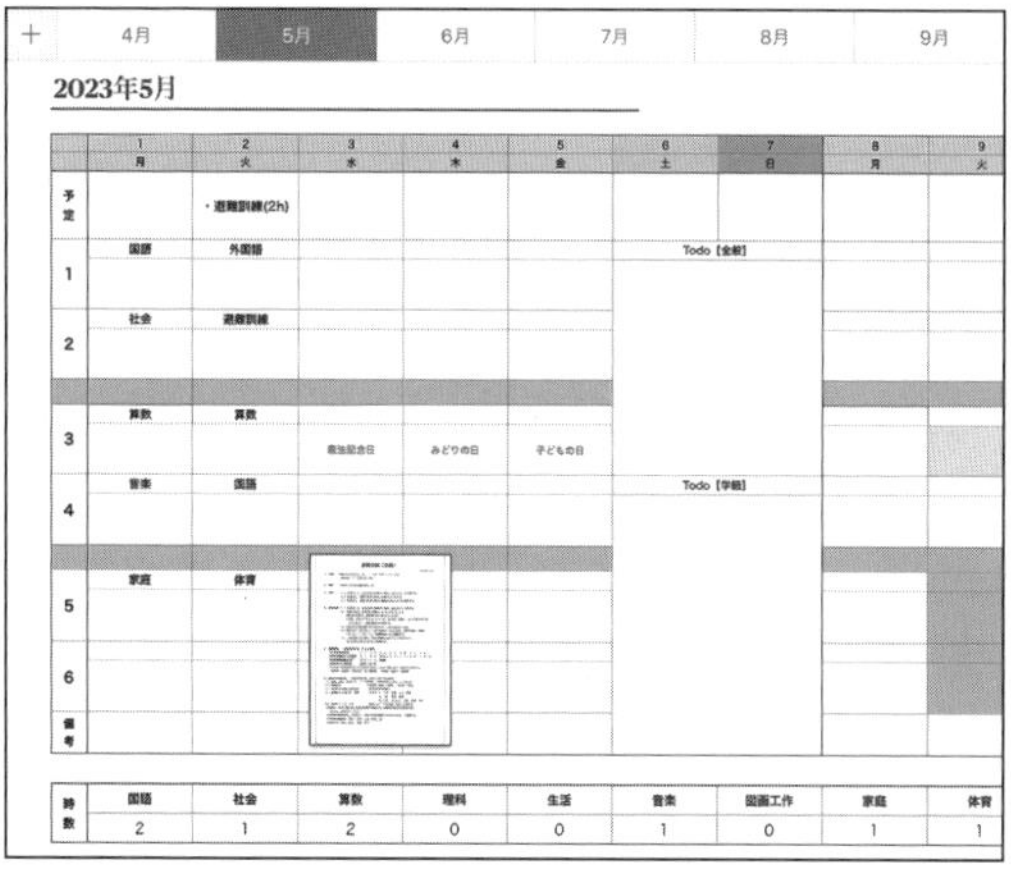

5 すべての仕事をTodoリストに整理する

可能なものは、すぐに終わらせる

仕事内容の分類…その場で終わる仕事

教師の仕事には様々なものがあります。それらは、分掌の仕事や学級の仕事のように、ジャンル別に分けることができたり、重要度や緊急度で分けることができたりします。しかし、それ以前に「その場ですぐに終わる」か、そうでないかで分ける必要がありま す。では、その場ですぐに終わる仕事とは、どのようなものがあるのでしょうか。

まず、代表的なものがアンケート形式のものです。職員会議等で管理職から「教育委員会から○○に関するアンケートが来ているので○日までにお願いします」と言われたりすることがあると思います。その多くがFormsのようにPC上で完結するものなので、言われたらその場でＵＲＬをクリックして、回答していきます。

　また、子どもからの依頼も、同じようにその場ですぐに終わらせるよう意識しています。つい最近も、子どもが「お母さんが個人懇談の手紙を捨ててしまったから、もう一枚ほしいと言ってました」と朝休みに言ってきました。その時も、その場ですぐに職員室に行き、新しいものを印刷して子どもに渡しましたが、もし「帰りまでに準備しとくね」と言って、子どもも教師もそのまま忘れて帰ってしまっては、保護者からの信用にも影響してくるでしょう。

　このように、その場ですぐに終わらせることで、「やり忘れる」というリスクをなくすことができます。懇談の手紙はともかく、アンケートに答え忘れても大きな迷惑がかかるわけではないと考える人もいるかもしれません。しかし、人間が信用をなくす時というのは、一度の大きなミスではなく、小さなミスが何度も積み重なった時です。「後でやろう」が習慣になってしまうと、気づかないうちに小さなミスが積み重なり、少しずつ信用がなくなっていっているかもしれません。

仕事内容の分類…その場で終わらない仕事

その場ですぐに終わらない仕事も多数あります。むしろ、その場で終わる仕事の方が珍しいでしょう。その場で終わらない仕事については、Todoリストを活用します。

このTodoリストを作成する上で私が意識していることが次の二つです。

- 意識しなくても目を通すところに配置する
- 全般的な仕事と学級の仕事を分ける

Todoリストだけを特別な場所に作成してしまうと、メモしたのに見るのを忘れてしまうというミスが発生する可能性があります。私は毎日必ず目を通す週案の一部をTodoリストにしています。

また、重要な項目が埋もれてしまわないように、全般的な仕事と学級の仕事の場所を分けてタスク管理するようにもしています。

・土日の下の空きスペースをTODOリストとして活用します。
・タスクが埋もれないよう、全般と学級に分けて整理します。

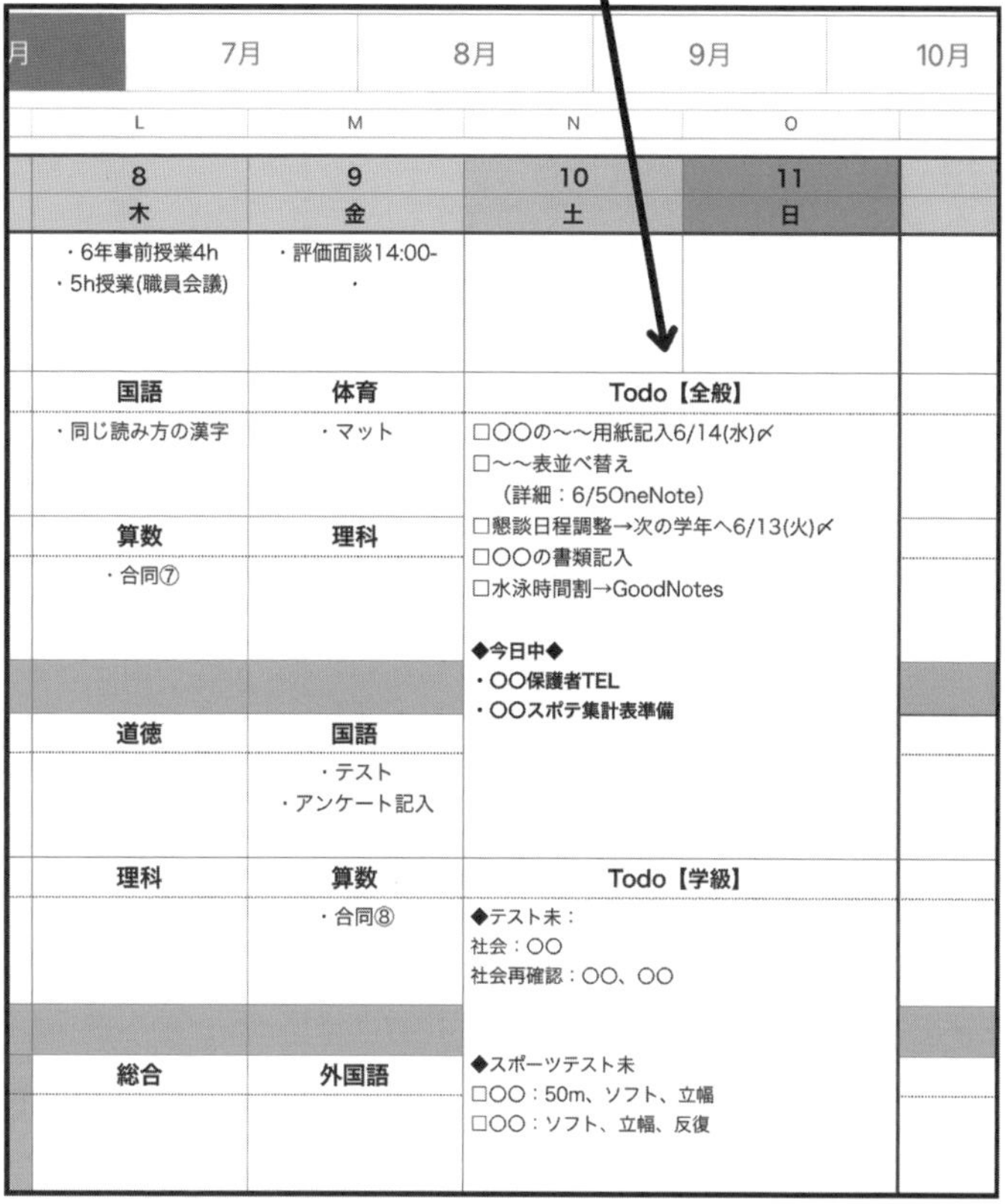

月	7月	8月	9月	10月

L	M	N	O
8 木	9 金	10 土	11 日
・6年事前授業4h ・5h授業(職員会議)	・評価面談14:00- ・		
国語	体育	Todo【全般】	
・同じ読み方の漢字	・マット	□○○の～～用紙記入6/14(水)〆 □～～表並べ替え （詳細：6/5OneNote） □懇談日程調整→次の学年へ6/13(火)〆 □○○の書類記入 □水泳時間割→GoodNotes ◆今日中◆ ・○○保護者TEL ・○○スポテ集計表準備	
算数	理科		
・合同⑦			
道徳	国語		
	・テスト ・アンケート記入		
理科	算数	Todo【学級】	
	・合同⑧	◆テスト未： 社会：○○ 社会再確認：○○、○○ ◆スポーツテスト未 □○○：50m、ソフト、立幅 □○○：ソフト、立幅、反復	
総合	外国語		

必ずしも週案にセットでTODOリストを作成する必要はありませんが、自分が目を通す場所に配置するのが大事です。

6 定例の学年会

臨時の学年会

学年会の必要性

私は、初任の頃から学年会というものの存在意義に疑問を感じていました。

行事予定の毎週決まった曜日に学年会という名前の会議が入っており、その曜日の放課後になると、学年の先生がなんとなく職員室に集まってきて、なんとなく雑談が始まる。その中で少しだけ、今後の行事のことや授業の進捗確認など、学年で共通理解すべき事項について話し合いが行われる。「学年会ってそういうもの」「無駄だと思っても学年会をなくすことはできない」という考えもあるでしょう。しかし、この時間を少しでも削ることができれば、授業準備や校務分掌の仕事など、必要なことに時間をあてることができます。

過去に一度だけ単学級の小規模校に配属されたことがあります。小規模校は教師の数が少ないので、それまでの学校の倍以上の校務分掌を担当することになりました。3年目で研究主任をしながら、児童会担当として様々な行事の提案も行い、その他細かな分掌がいくつもあるといった感じで、最初は仕事が回らず疲労困憊でした。

しかし、小規模校にも一つ大きなメリットがありました。それは学年会が存在しないということです（一人しかいないので当たり前です）。

校務分掌の仕事は慣れれば効率化を図ることができます。その上で、これまで「学年」ということで削ることができなかった会議の時間が削られたことによって、数ヶ月後には、大量の校務分掌を裁きながら定時で退勤することができるようになっていました。

ここで言いたいこととしては、知らず知らずのうちに、「学年会」という共通理解や意思決定に膨大な時間を使っているということです。

▼学年会の目的から、削ることができる部分を考える

「単学級の学校に異動しましょう」というのは無理な話なので、この学年会について単

学級でなくても削れる部分があるのかを考えていきます。

まず、学年会の必要性について考えていきましょう。

一般企業における会議の目的は様々あると思いますが、学年会という会議での目的は「共通理解」「意思決定」「相談」の3つに集約できると考えています。

共通理解…学級の子どもの状況、授業の進捗、行事の流れなど
意思決定…行事内容や進行方法、校外学習の行程など
相談…子ども同士のトラブル、保護者対応、授業の進め方など

こうして会議の目的を明確にすることで感じることがあります。

それは、「定例で行うことに対する疑問」です。

3つの目的のすべてが、定期的に起こり得ることではありません。子ども同士のトラブルも、授業の進め方に関する相談も、校外学習や行事も、不定期で起こることか、時期が決まっているものです。

であれば、「定例」にする必要はなく、行事が近づいてきたり、何かトラブルが発生し

たりした時などに臨時で学年会を行うという形に変えても問題はありません。

現在の学年では、定例の学年会は存在せず、今述べた臨時の学年会を必要に応じて行うという形で共通理解や意思決定、相談を行っています。

何か相談したいことが出てきたら、その時にアポを取ります。すぐに終わる内容であれば、その場で相談して終わっても構いませんが、まとまった時間を要する場合は、時間を決めて話し合う方がスムーズでしょう。

また、時間設定については、終わりの時間が決まっているという点から、放課後よりも授業の空き時間を選択することの方が多いです。現在は高学年を担任しているので、授業の空き時間があり、そこを活用しています。これは空き時間があるからできることですが、空き時間の有無に関わらず、その時の状況に応じて最適な形を考えていきましょう。

プリントのデータを共有する

プリント印刷の代替手段

小学校では、プリントを印刷するという場面を多数目にすることがあります。その中でも代表的な例を挙げるとすれば、「算数プリントの印刷」ではないでしょうか。現在学習している単元のプリントを印刷して、授業や宿題で活用するといったものです。私がこれまで勤務してきた学校では、どの学校の職員室にも、プリントとして印刷することのできる冊子が各学年に用意されていました。

しかし、学習者用の一人一台端末が整備された現代において、この「プリントを印刷する」という作業時間も大幅に削減することができます。

◆Webドリルの活用

まず、代替手段として考えられるものが、Webドリルの活用です。

私の自治体では、国語や算数などで活用できるAIドリルのアカウントが教育委員会から配付されています。それらがないという学校でも「新ネット学習教室」のように、ブラウザで使用できるものも存在します。私も算数の授業で「新ネットトレ学習教室」を活用することがありますが、サインインなどの手間も不要なため重宝しています。しかし、教師が子どもの回答をチェックするということは難しいため、プリントと全く同じ使い方をすることはできません。

◆Teams（クラウド）の活用

そのため、私がよく行う方法としては、プリントを印刷するのではなく、データをTeamsで共有するというシンプルなものです。プリント自体は、ネットで検索をすると無料で活用できるものがたくさん存在します。それらをPDFデータでTeamsの算数フォルダにアップします。子どもたちは、そのプリントを見ながらノートに答えを書いていきます（可能であれば、そのままタブレットに答えを書いても問題ないです）。

プリントをデータ共有するメリットとデメリット

プリントをデータ共有するメリットとしては、印刷・配付・回収する時間を削減できるということもあります。しかし、印刷が不要なので、作業場所を縛られないということが個人的には大きな点です。わざわざ職員室に戻って印刷しなくても、思いついた時にタブレット一つで作業が完結します。

また、効率化以外の視点からのメリットも存在します。それは、場所を取らないからこそ、複数のプリントを準備しておくことも可能だということです。子どもたちが習得すべき技能ごとにフォルダ分けをしてプリントを保存しておくことで、自分の課題に応じて、取り組むべきプリントを選択することが可能です。答えも一緒に保存しているので、自分のペースで学習を進めていくことができます。

デメリットとしては、問題と解答が別になっており、低学年には少し難しいということです。高学年では全く問題なく行えていますが、担任する学年によってはプリント中心に戻すなど、子どもたちの発達段階に応じて柔軟に対応する必要はあります。

授業によっては、子どもたちが自分の課題に合わせてプリントを選択できるようにフォルダ分けをして準備しておきます。

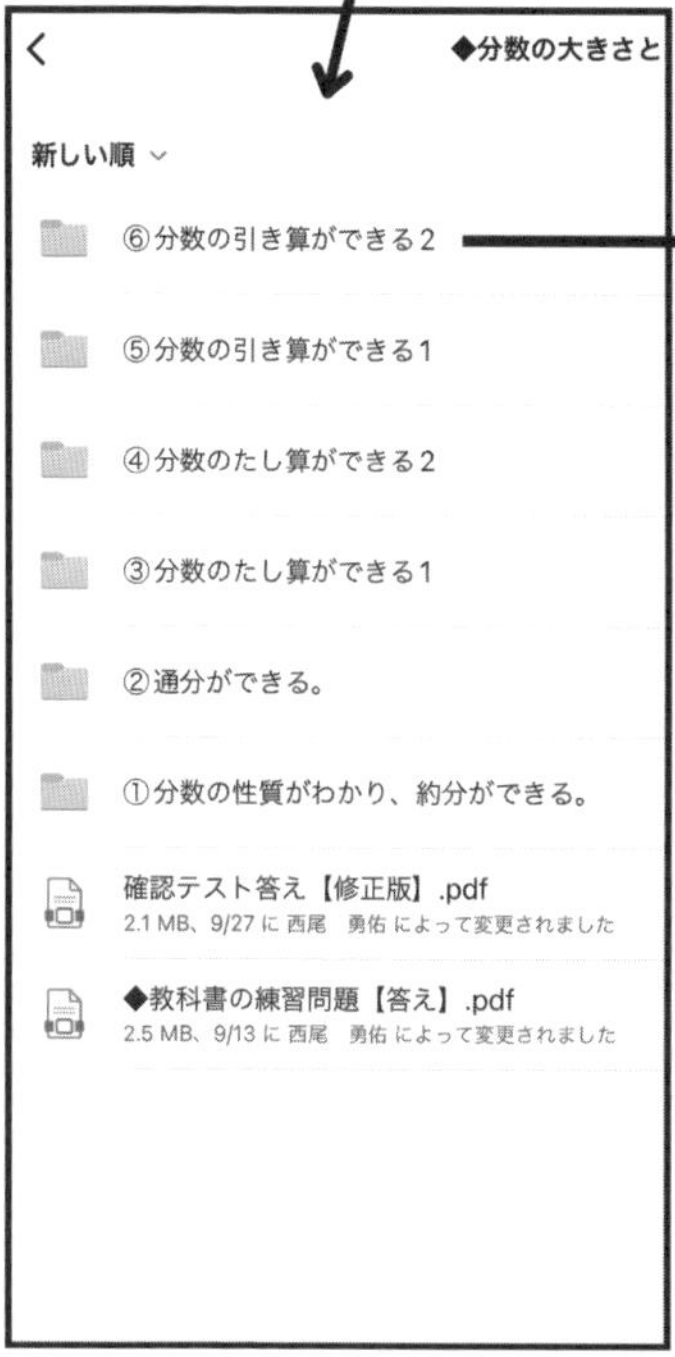

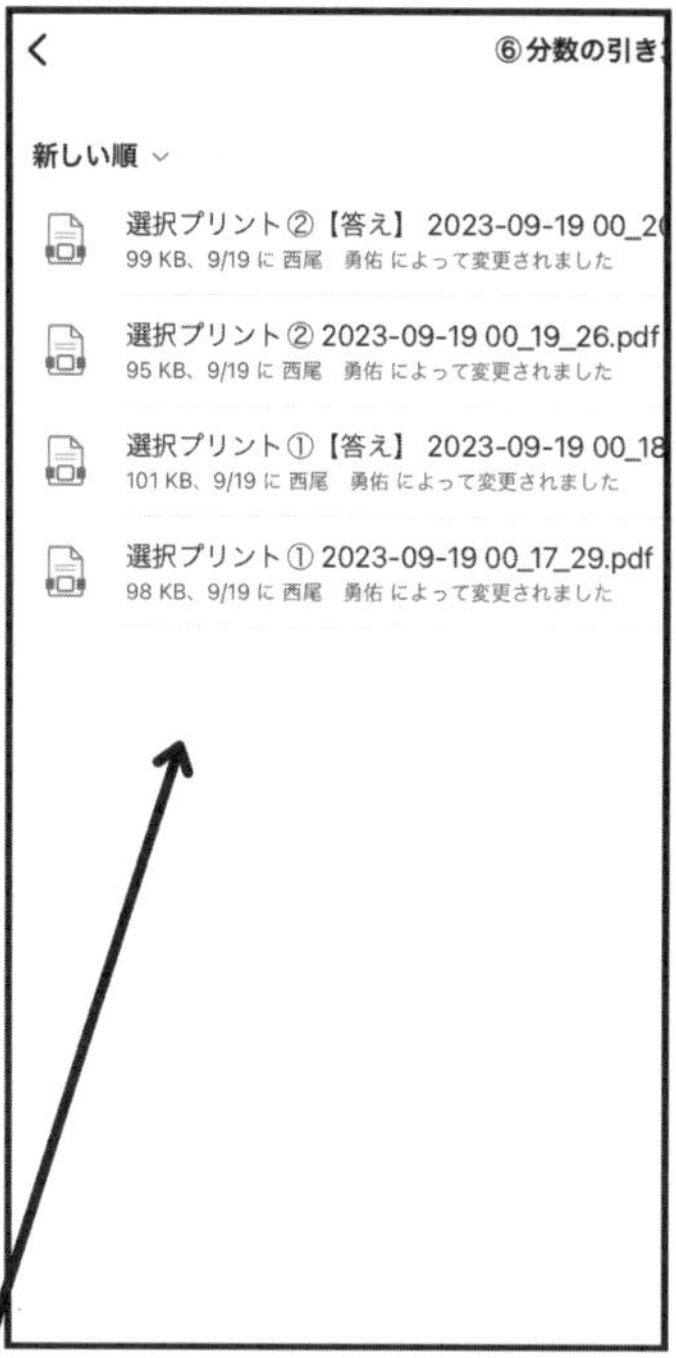

してもしなくてもよいプリントは「選択プリント」、必ず全員取り組むプリントは「必修プリント」という名前で分けています。

プリントは「ちびむすドリル」「すきるまドリル」などのWebサイトをよく活用しています。

8

オンとオフの切り替え

常にゆるくスイッチを入れておく

休日の過ごし方

業務の効率化についての考える人の中には、「勤務時間以外は仕事をしたくない」「休日はスイッチをオフにして思い切り遊びたい！」という人もいるでしょう。

もちろん思い切り遊ぶ日があってもいいと思います。仕事で疲れた心や身体をリフレッシュさせるというのは当然ながら必要です。

しかし、私自身が理想としている休日（特別な予定が入っている日を除く）の過ごし方は、常にゆるくスイッチがオンになっている状態で、平日と休日のスイッチの切り替え自体をなくしていくというものです。人によって考え方が異なる部分はあるかと思いますが、私が様々な働き方を模索する中で、この「スイッチの切り替え自体をなくす」という考え方を取り入れて以降、効率的に、そしてストレスも少なく働くことができていると実感しています。

初任や二年目の頃は、「休みの日は遊びたい！」「仕事をしたら負けだ！」と思っていました。しかし、そのスタイルで働く中で、

・平日と休日のギャップが大きく、週明けが憂鬱になる
・翌週の授業準備ができていないので、週明けが憂鬱になる
・結局、平日の夜遅くまで授業準備等をする必要がある
・平日のストレスを解消するために休日の時間を浪費する

という悪循環に陥っていました。

今でこそ俯瞰して考えることができていますが、当時はそんな余裕もありませんでした。その後、自分に合った働き方を模索する中で少しずつ今の形に落ち着いてきました。

常にゆるくスイッチがオンになっているといっても、休日に出勤して事務仕事をこなすというようなことは、ほとんどありません。具体的には、

・授業準備や教材研究（タブレットでできること）

・学級経営に必要な準備（タブレットでできること）
・読書などの自己研鑽
といったことをカフェなどで行うようにしています。

スイッチを切り替えないメリット

この働き方に移行して感じるメリットは、次の3つです。

・効率的に授業準備ができる
・教材研究が楽しくなる
・週明けが憂鬱でなくなる

効率的に授業準備ができるというのは、集中して取り組むことで結果として作業効率がアップするということです。勤務時間内に職員室で同じことをしようと思うと、誰かに話しかけられたり、電話が鳴ったり、周りの話が気になったり、集中を阻害する要因が多すぎます。これらが一切ない一人の空間で集中して授業準備をすることで、作業効率がアップすることは容易にイメージできると思います。

教材研究が楽しくなるということについては、休日の午前中など時間にも心にも余裕がある中で行うので、「本で読んだ～を取り入れてみようかな」など、様々なアイデアが生まれてきます。「自分自身で創意工夫している」と感じられるようになってくると、教材研究が楽しくなってきて、自然と授業もうまく回るようになってきます。そうすることで、平日にも気持ちに余裕ができます。

また、お気に入りのカフェに出かけて教材研究をするということが多いのですが、このように自分が最もリラックスできる場所で作業ができるということも、「楽しい」という気持ちや、心の余裕につながる大きな要因でもあります。

最後に、週明けの憂鬱さは、平日と休日のギャップから生まれるとも考えています。このギャップを小さくするために一般的に考えられる手段としては、平日のストレス要因を排除していく方法です。これも大事な考え方ではありますが、休日に適度なストレスを加えて、平日に近付けることで、ギャップを小さくしていくというのが今回の考え方であり、教師という職業柄、この考え方も有効に機能していきます。

9

一箇所で100点を求める

複数の場所で80点を取る

教師という仕事の特性

小学校現場において、教科担任制という言葉が広がりつつあるものの、実際にはまだまだ学級担任が大部分の教科を教えている学校が多いと思います。私自身も執筆時点では5年生を担任していますが、理科・音楽・外国語以外の教科は自分で教えています。

それに加えて、日々の学級指導や校務分掌の仕事、行事ごとの準備なども行います。現在の校務分掌は研究主任を担当しているので、研究授業関係の取りまとめや、その他の研修に関する仕事を行います。年に一度は、外部（府内の学校や教育委員会など）からも参観者がやって来る学校公開が設定されているので、その準備には骨が折れます。

さて、ここで何が言いたいかというと、「忙しくて大変だ…」ということではなく、教師という仕事には幅広いスキルが求められるということです。もっと細かな例を挙げると、音楽会の指揮者をしたり、ダンスを考えたり、ミシンや料理をしたりなんていうこともあったりします。

100点を取る必要はない

各教科の授業や学級指導など、幅広いスキル求められる教師の仕事ですが、どれも簡単に習得できるものではありません。授業の中の「国語」という教科だけに絞ってみても、数え切れないほどの教育書があり、様々な研究会や学会が存在します。

私自身も、研究会や学会に所属したり、教育書を読んだりして、教科についての学びを継続していますが、私より授業が上手な先生は星の数ほどいるでしょう。星の数は少し言い過ぎたかもしれませんが、幅広いスキルを求められるにも関わらず、そのスキル一つひとつは、底が見えないほどに奥が深いということです。

しかし、その一つひとつで100点を取る必要は全くありません。むしろ、一つの場所に膨大な時間を掛けて、瞬間風速的に100点を叩き出すよりも、複数の場所で安定的に80点を取れる人材の方が、学校現場では求められています。

その理由として、極端な例を言えば、4年生の国語の物語文にある「ごんぎつね」の教材研究のために、片道数時間かけて新美南吉記念館に足を運び、他の作品にも目を通し、発問を精査し、膨大な時間をかけて自分なりに100点の授業ができたとしても、その学びが直接的に生きるのは4年生を担任した年の「ごんぎつね」の学習をする数週間だけなのです（もちろん、これらの学び自体を軽視するつもりはありません。片道数時間かけて新美南吉記念館に足を運んだのも、教材研究に多くの時間を費やしてきたのも私自身の話です。しかし、それは趣味だと思って割り切っています）。

複数の場所で80点を取る

一日は24時間しかないので、今挙げた例のように、一つの場所に時間を費やし過ぎてしまうと、他の場所が疎かになりかねません。世間で知らない人はいないであろう堀江貴文氏は、著書『多動力』の中で、「どんな分野でも、80点までは簡単にたどり着けても、1

00点満点を達成するまでには膨大なコストと時間がかかる」という話をしています。

これは学校現場に置き換えても同じことです。一つの教科の授業で100点を取るよりも、80点の授業ができる教科を複数つくることの方がコストも時間もかからないでしょう。そして、コストや時間の削減だけでなく、先に述べた「教師という仕事の特性」を踏まえると、圧倒的に後者の先生の方が学校現場から求められていると言えます。

また、複数の場所とは授業や学級づくりに限りません。校務分掌の仕事や会議での資料作成なども80点で問題ありません。仮に時間をかけて100点だと思うものを作成して会議に臨んだとしても、予想もしていなかったところから指摘されることもあります。そんな時に80点の資料なら、指摘された点を取り入れて改善する余白も残っていますが、100点満点でキチっと決めてしまっていたら、改善することも容易ではありません。メンタル的にも「こんなに頑張ってつくったのに」という気持ちが生まれ、必要な指摘であったとしても、受け入れるのが難しくなる可能性もあります。

10

周りからの評価を重視する

自分軸で働く

周りの目を気にする働き方

必要以上に周りの目を気にしてしまうということはありませんか。

「行事の準備などで、自分の仕事は終わったけど、なんとなく終わっていいかわからないから他にできることを探してしまう」

「17時になったけど、職員室にいる他の先生はバリバリ働いている（ように見える）から、もう少ししてから帰ろう」

など、誰しも一度は考えたことがあるのではないでしょうか。私自身もずっと同じように考えていました。内心では、「学校でする仕事は終わったから、家やカフェに行って教材研究したいな」と考えながらも、学年の先生が職員室で仕事をしているので、帰るに帰れないということが何度もありました。

しかし、このような働き方をするメリットは何もありません。「早く帰りたいな」と考えながら教科書を開いたところで、教材研究が捗ることはないでしょう。また、学年での仕事があるわけでもないのに、遅くまで残っていることで学年の先生に感謝されることもありません。

「そんなことは言われなくてもわかっている」という声が聞こえてきそうですが、ではなぜこのような働き方になってしまうのでしょうか。それは「早く帰って周りの先生に悪く思われたらどうしよう」という不安からです。もっと言うと「周りから悪く思われたくない」「頑張って仕事をしていると評価されたい」という目的を達成するための手段として、そのような行動をとっているのです。

「そんな精神論的な話をされてもなあ」と感じる方もいるかもしれません。しかし、このような感情や考え方と適切に向き合うことは、業務を効率化して30分早く帰れるようになる以上に重要なことです。

課題を分離する

自己啓発の名著『嫌われる勇気』では、他者からの視線や評価が気になってしまうことに対して、「あなたにできるのは『自分の信じる最善の道を選ぶこと』（中略）その選択について他者がどのような評価を下すのか。これは他者の課題であって、あなたにはどうにもできない」と話をし、「他者の課題」と「自分の課題」を適切に分離して考えることを提唱しています。

ここで言う「他者の課題」とは、「自分についてどう評価しているか」という点です。これを「自分の課題」として捉えて、自分が努力をすることで他者からの評価を良くしようとしても、努力というその行動自体をどう捉えるかというのは他者に委ねられる部分です。その意思決定にまで介入することはできません。この「課題の分離」という考え方が理解できたら、この項目で削るべき部分も必然的に見えてくると思います。それは言うまでもなく「他者の課題」について考えを巡らせるということです。これを削ることができれば、時間的にも精神的にも大きなゆとりが生まれてきます。

▼自分軸で働く

理論的に突き詰めていくと、すごく冷たいように感じるかもしれません。「周りからの評価を得るために努力することは悪いことではない」という考え方もあるかもしれません。確かに「悪いことではない」かもしれませんが、それよりも自分の軸に沿って働く方が、はるかに重要になってきます。

「家やカフェで教材研究をしたい」と感じているのであれば、その時の自分にとっての最善の道は、職場を出て集中できる家やカフェに移動することです。職員室でダラダラと教材研究をするよりも、効率よく、質の高い授業準備ができるでしょう。

中には、定時で退勤して趣味に時間を費やしたい人もいれば、早く子どものお迎えに行きたい人もいると思います。私も定時で職場を出て保育園のお迎えに行っています。一分でも早く娘に会いたいという自分軸で、誰よりも早く職員室を後にします。

仕事に関わらず、趣味にしても家族にしても、他者からの評価を気にして時間を使うよりも有意義なことです。

11

業務の内容をイチから考える

考えないための仕組みをつくる

イチから考える

教師の世界では、業務が仕組み化されておらず、自分たちがこれから取り組む業務の内容をイチから手探りで考えていく場合が多くあります。

例えば、各学年で実施される行事です。高学年を担任した時の宿泊行事では、まず「何をすればいいかわからない」というところからスタートしました。前年度の担任や経験豊富な先生に聞きに行ったり、過去数年のフォルダを漁ったり、学年の棚に紙ベースで保存されている資料がないか探したりもしました。

そこから、「保護者説明会を開く必要があり、そのためには、〇日までに～をしなければばいけない」「下見に行ったら、こんなことが必要だと言われた」と、その時々で必要なものが判明し、対応に追われるようにして仕事が進んでいきます。

このような仕事の進め方では、時間的にも精神的にも負担が大きくのしかかってきます。

考えないための仕組みをつくる

学年で行う行事は、年度によってそこまで大きく変わるものではありません。「去年の修学旅行は北海道で、今年は沖縄、来年は海外に行きます」というような学校は稀でしょう。そうであれば、この「何をすればいいかわからない」という段階は、正しい仕組みをつくることによってなくすことができます。

その仕組みがマニュアル化です。当たり前のことではありますが、学校現場では、マニュアル化という言葉は好まれない傾向にあります。目の前の子どもが違うのに通り一辺倒な対応をしてはいけないと。確かに、授業の中で、すべての子どもに画一的なスタンダードを押し付けるような考え方は改める必要がありますが、普段の業務の中では、しっかりとした基礎があってこそ、積み上げができていきます。

行事の準備でも、昨年度の何月何日にどのような業務を行ったかということが時系列でメモされているだけで、見通しをもって業務を進めることができます。ギリギリになって対応に追われるということもなくなるでしょう。焦って資料を探す時間もなくなります。

マニュアルのつくり方

・大体の日付を書き入れ、業務と同時進行でメモ（終わってからではない）
・スライドなど別データがある場合は、マニュアルにその旨とデータ番号を記載
・業務終了後は、次年度に引き継ぐべき反省点をメモし、フォルダに整理

というイメージで、マニュアルを作成します。次に自分が使わなかったとしても、いつもこのようにマニュアルをつくっていくことで、必ず将来の自分に楽をさせることができます。また、そこから学校として仕組みを整えていけることが理想でもあります。

・大体の日付を入力し、時系列で記録します。
・その時に行った業務内容や気づいたことを記録します。

【4月18日(月)】学年会
・林間の保護者説明会の日付を決める→5月17日(水)16:00-図書室にて
※家庭での準備を考慮して、林間まで土日を2回挟めるようにする。
・下見の流れを確認
※　　　の下見は必要ない。　　　のみ。

【4月22日(土)】林間下見
・　　さんから説明を聞く。資料などをもらう。
・記入の必要な書類は、後日記入してFAXする。
→様式①〜⑤＋アレルギー対応シート　※PDFで記入済データあり【01】

【4月25日】
・保護者説明会の案内を配付　※データあり【02】

【4月下旬】
・アレルギーのある児童への手紙を配付　※データあり【03】

マニュアルの数字とデータの数字を揃えます。

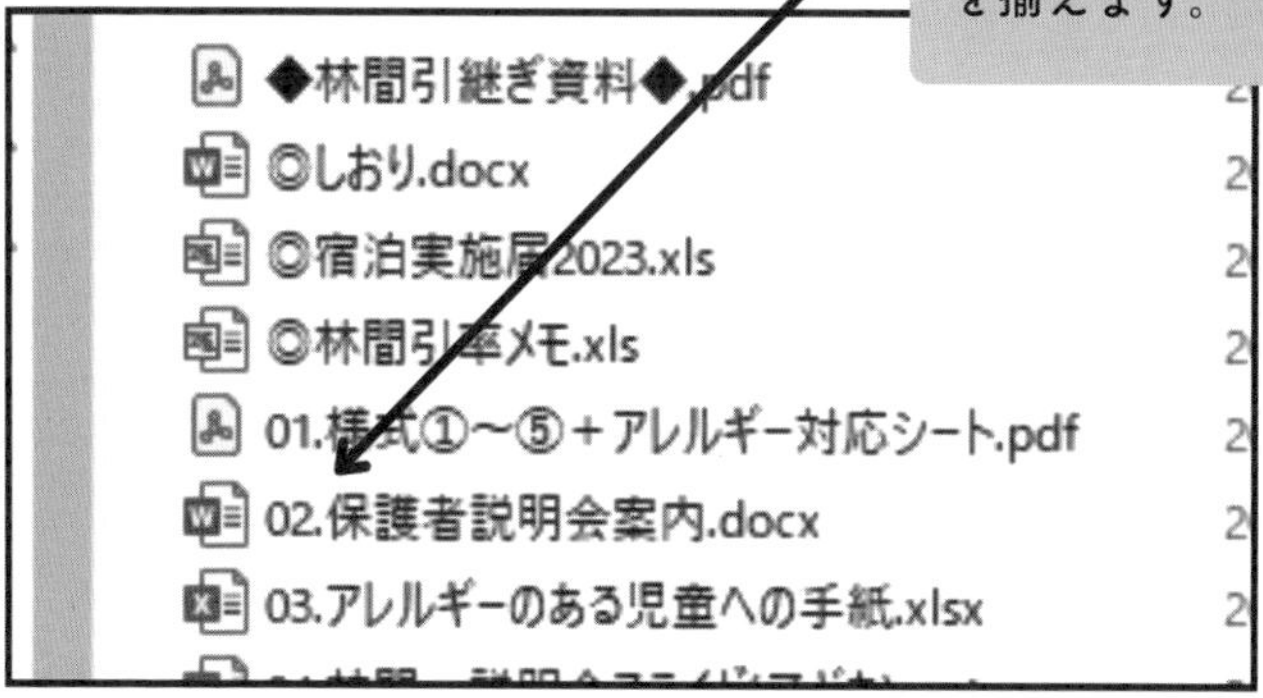

学校で決まった型がない場合は、気負わず、気づいたことを自分用にメモしていく感覚で作成していきましょう。

12

すべての仕事に全力で取り組む

適切に手を抜く

手を抜いてもいい

「仕事の手を抜く」というと悪いことのように聞こえますが、仕事ができる教師ほど、手を抜くところと力を入れるところの軽重をハッキリとつけて働いています。やることが無数にある教師の仕事では、適切に手を抜くというのも重要なスキルであると言えます。

「適切に」という言葉を付け加えているのは、なんでも手を抜いて適当にすれば良いという意味ではないからです。手を抜いても問題ないところをしっかりと見極めていく必要があります。

ここでは私が手を抜いているところを具体的に紹介していきます。

◆必要のない研修

これまで様々な研修を受けてきたと思いますが、中には「（今は）必要ないな」と思うものもあったと思います。そんな時は、頭を切り替えて、来週の予定を立てたり、授業のことを考えたり、座ったままでもできる仕事を進めていきます。

◆提出書類

定期的に管理職に提出する自己申告書や、分掌によって教育委員会に提出が必要な書類があります。私は担当している分掌では、校内研修に関する書類の提出を求められます。その他にも雑多な提出書類がたくさんありますが、これらの作成には極力時間をかけずに70点～80点ぐらいのものを提出します。不備があり修正を求められることもありますが、仮に自分で１００点だと思うものを提出しても、修正を求められることはあります。

◆ノート指導

以前は、授業終わりにノート提出を求めて「丁寧に書けているか」「ふりかえりがしっかり書けているか」などのチェックをしていました。放課後になって、「まだ国語と算数のノートがチェックできていないけど、明日も授業があるから帰るまでに終わらせないと」なんていう日もありました。しかし、ノートを丁寧に書くこと自体は、学習の目的ではありません。丁寧に書けていても内容が理解できていない可能性もあります。そう考えて、いつも授業終わりにノートをチェックするというスタイルをやめ、子どもの学習状況を把握する時など、必要な場面でのみノートをチェックするようにしています。

◆授業

すべての授業の手を抜いてしまうのは、言うまでもなく本末転倒です。教師が力を入れて取り組むべきポイントが「授業」であることは間違いありません。しかし、小学校教師は一日に複数の教科を教えるのが基本です。私自身も、現在は5年生の担任をしていますが、一日に4~5時間の授業を行います。家庭科が2時間続くような時もありますが、基本はどの時間も違う教科を教えています。そのため、すべての教科に全力で取り組むのは難しいと考えています。そこで、いくつか力を入れて授業をする教科を決めて、残りは指導書を参考にしながら極力準備に時間をかけずに進めています。どこに力を入れるかというのは人によって変わってくる部分だと思います。

他人に頼る

具体的に手を抜いている仕事について紹介しましたが、重要なポイントとして「他人を頼る」ということも忘れてはいけません。しかし、なんでも他人にお願いして自分は何にもしないということではありません。仕事を適切に割り振っていくということです。

例えば、学年の仕事は、学年の先生同士で担当を割り振っていく必要がありますが、一部の親切な人に頼って進んでいることも珍しくありません。運動会、研究授業、卒業式準備など、誰が主導するかは学年会で話し合い、「研究授業は担当するので、卒業式の準備はお願いします」など、必要な場面では、遠慮なく仕事をお願いしていきましょう。

しかし、自分よりも経験の浅い、後輩の先生と学年を組んでいる場合には、「仕事を振るよりも自分でする方が早い」と思うこともあるかもしれません。これについては、最初に「手を抜いても問題ないところを見極める」と話したように、「後輩の育成」に手を抜いてしまうのは組織として問題があります。最初は時間がかかったとしても、可能な範囲で仕事を依頼して、フォローしながら進めていく必要があります。

13

筆箱を持ち歩く

必要な物を必要な場所に配置する

用途の重なりをなくす

筆箱を持ち歩くかどうかなんて些細なことです。わざわざ一つの項目を立てる程でもないと思うかもしれませんが、その裏にある考え方に目を向けると、重要性を感じることができると思います。

「物を持つ」ということは手段であり、その目的が必ず存在します。筆箱を持ち歩くことも同じです。肌身離さず持っておきたい理由があるのなら別ですが、大体の目的は「文房具を収納する、持ち歩く」ためでしょう。私が大学生の頃は文房具を裸で持ち歩いていて、それを見かねた友人が筆箱を買ってきてくれましたが、そんな人は稀です。

では、「文房具を収納する」という側面について考えますが、この目的を達成するためには必ず筆箱が必要なのでしょうか。教室にも職員室にも教卓があり、その一番右上の場所はたいてい文房具を収納する場所になっています。その場所を活用すれば、筆箱の必要性はなくなってくると思います。

「文房具を持ち歩く」という側面についても同じように考えることができます。文房具を持ち歩く目的は、会議や研修など職員室と教室以外の場所でメモをとったりする時に使うためだと考えると、私の場合これらはすべて iPad で代用できています。

このように、筆箱と教卓の引き出し、筆箱と iPad には「用途の重なり」が存在します。その重なり部分をなくしていくということが、物事を整理する上で重要な考え方になってきます。

物の整理は仕事の基本です。たくさんの物で溢れかえっていると、必要な物を探すだけでも時間がかかってしまいます。必要最低限の物しか持っていなければ、一つひとつの物の所在が明らかで、ストレスも時間もかけずに仕事に取り掛かることができます。そうしたいけれども何を捨てればいいかわからないと悩んでいる場合には、「用途の重なり」を一つの基準として考えてみることをおすすめします。

物の所在を明らかにする

筆箱を持ち歩くのやめるだけでなく、必要な物を必要な場所に配置するということも同時に行う必要があります。例えば、私は採点ペンを二本持っていますが、これは「用途の重なり」に該当しません。なぜなら、一つは職員室で丸付けをする時に必要で、もう一つは教室で丸付けをする時に必要だからです。それぞれのペンは別々の用途があり、別々の場所に収納しています。どの場所でどのような物が必要かを想定していくと、同じ物が二つ必要なことも出てくると思います。ボールペンが引き出しに何本も入っているというような場合は整理が必要ですが、用途が分かれているのであれば、複数持っていても問題はありません。

このように必要最低限の物を、それぞれ必要な場所に配置していくことで、物の所在が明らかになり、仕事の効率化にもつながっていきます。次のページで紹介しているように、引き出しに収納する時にも、可能な限り、パッと見て何がどこにあるかわかるように配置しておくことも重要です。

この引出し手前のスペースは備え付けなので外せません。小物類の一時保管場所として使用してます。

用途の重なりがないかという視点で物を減らし、消しゴムや付箋など細かなものまで、明確に収納場所を定めています。

14 机上で物を管理する

PCとタブレットのみを置く

机の上の用途を明確にする

職員室の事務机の上には、基本的に校務用PCとタブレット以外は何も置かないようにしています。なぜなら、机の上は収納する場所ではなく作業をする場所だからです。

・文房具（同じ種類の物を複数）
・教材研究用の書籍や教科書
・過去の会議や研修で配付された書類

などを机の上に置いてはいないでしょうか。一見すると、引き出しにしまっているよりも、机の上に置いている方がすぐに手に取れて、物を探す時間が短縮できるように感じるかもしれません。しかし、掲示物の作成やノートのチェック、テストの丸付けなど、教師の仕事は広いスペースを必要とする作業が多いです。何もない机の上で作業をしていたとしても、その時に必要な物や書類ですぐにいっぱいになっていきます。それに加えて、最初から机の上に物が置いてあると、どこに何があるのかわからなくなってしまい、結局「ハサミがない」「ペンがない」と埋もれた物の中から必要な物を探すという作業が発生してしまいます。

また、別の項目でも紹介しましたが、物の収納に関しては引き出しの中だけで全く問題ありません。用途の重なりを意識して物を減らし、必要最低限の物を整頓して所在を明らかにすれば、机の上になくとも取り出すまでの時間はかかりません。

一時保管場所を作成する

そうは言っても毎日大量の紙が机の上に配られて、気づいたら机の上が書類だらけになってしまうなんていうこともあると思います。基本的には別の項目で紹介したようにＰＤＦ化してタブレットで保管していきますが、毎回毎回必要かどうかを判断して、不必要な物はゴミ箱に捨てて、必要な物はタブレットに保管するということをするという時間がとれるかどうかもわかりません。

そんな時におすすめなのが、一時保管場所を作成するということです。私は机の中央にある大きな引き出しを一時保管場所にしています。必要かどうか判断し難いものや、紙ゴミとして捨てに行くのが面倒な時などは、とりあえず一時保管場所に放り込んでおき、時間ができた時に引き出しの中の紙をすべて出して仕分けをしていきます。

学級の事務机も同様に考える

学級にも教師用の事務机があるかと思いますが、それも同じシステムで運用しています。ただ、校務用ＰＣは職員室だけなので、学級の事務机は基本的にタブレットのみを置いて、子どものノートやプリントなどは机の後ろの棚にスペースを設けています。

机上のスペースを広く使えることで、宿題のプリントなどを事務机に提出してもらい、そのまま丸付けができたり、子どもたちがわからないノートを持ってきて一緒に取り組むことができたりしています。

タブレットは週案を立てたり、授業用のスライドを作成したりします。

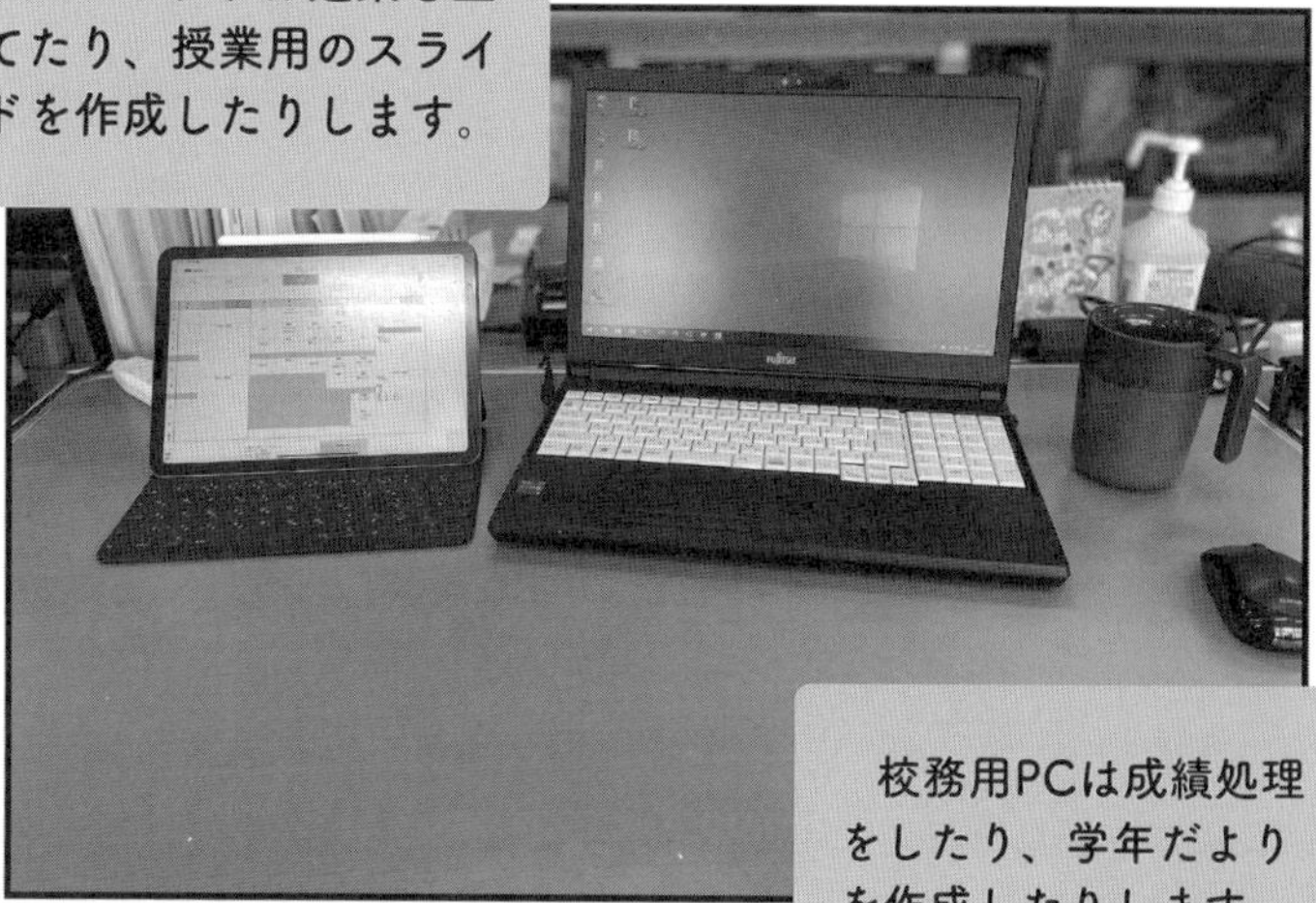

校務用PCは成績処理をしたり、学年だよりを作成したりします。

書類をとりあえず放り込む一時保管場所です。

この写真だけを見るとタブレットとPCも一つにできそうですが、明確に用途を使い分けているので、ここを削ることはできません。

Column

逆に時間をかけてでも行っていること①

日々の業務においても、授業などの教育活動においても「削る」という視点を重視しているのですが、中には、時間度外視で徹底的に「やり込む」ということもあります。

その一つが、4月の学級開きです。

単純に学級開き当日の準備をがんばるという話ではありません。もちろん当日の準備もがんばる必要はあるのですが、学級がスタートする前に、仕組みをつくり込むということです。学級が上手く回るために決めておくべきことは無数にあります。「宿題の出し方は」「掃除の手順は」「給食の配膳や返却の仕方は」「授業規律は」などなど、挙げればキリがありません。これらすべてにおいて、昨年と同じというわけにはいかず、学年が変われば、必要な仕組みも変わってきます。

「もう4年生だから給食の準備は言わなくてもわかるだろう」なんて怖いことは絶対にできません。3年生の時に、クラスによって手順が違っていた可能性は大いにあります。子どもたちに聞かれてから「えーと…」なんて言っていたら、子どもたちからの信用を獲

学級システム　2023年度

大項目	小項目	システム
給食	当番	→最初は時間を測る。過ぎて来なかった子は待たない。→後で個別で話す。 ②欠席者がいた場合はお助けの人が代わりに当番をする。 ③食缶をもらった後は扉の所で一度並んで、先生の「どうぞ」の合図で出発。
	並び方	・【前】大おかず、小おかず、牛乳、食器、お盆【後ろ】 ・教室に戻る時 ※もらった順番で大おかずが最後（教師も持つ） ※先生がOKと言ったら、出発する。 ※先頭が先生から見えるように歩く
	当番表	・エクセルで1年分を作成 ・1学期ごとに掲示　→　画用紙作成タイプは廃止 ・Teamsで1年分のデータを子どもと共有 ※当番表のデータを参照
	準備	①みんなで並ぶ。 ②窓側の席から順番においていく。 ③置いたら再度並ぶ。 ④牛乳・ストローやデザートなどは配る。
	欠席連絡カード	①手紙の枚数を確認。 ②「手」「宿」「持」「連」など 必要なことを黒板に書く。 ③休んでいる子のカードを書く。
	減らし	・いただきます後、先生がする。
	おかわり	・食べ終わった人から順番 ※後の人のことも考える ※デザートはおかわりの後に食べてもOK

得できません。その時々で答えが違うことなんてのは絶対にNGです。私は高学年であっても、スライドを示しながら順を追って今年度の給食の手順を丁寧に説明していきます。そのため、質問されること自体がほとんどありません。

給食の手順を例に出しましたが、このような細かな点まで、頭の中で考えるだけでなく、文字として書き出し、子どもたちに視覚的な説明が必要な物は、スライドや資料を作成していきます。上に給食の手順を表にまとめているものを載せていますが、これは自分の頭の中を整理するために文字として書き出しているもので、誰かに見せるためではありません。給食以外にも宿題や掃除、係、朝の会など、学級を回していくために必要な仕組みや手順を文字にしてまとめています。

このデータは、私のインスタグラムのプロフィールから無料でダウンロードできるようになっています。よくわからなければ、ＤＭいただければお渡しすることも可能です（気づかなかったらすみません…）。

なぜ、膨大な時間をかけて、ここまで細くまとめて準備をしていくのか。それは、学級が安定するかどうかで、その後の一年間の過ごし方や仕事量、授業の質が大きく変わってくるからです。そして、学級が安定するかどうかは、４月の仕組みづくりにかかっていると言っても過言ではありません。ここで手を抜いてしまっては、後からどれだけ努力しても取り返すことはできません。

教師の仕事は子どもとの関わりが大部分を占めています。学級担任であれば、朝８時に登校して、夕方に下校するまでは、子どもたちと同じ空間で過ごすことがほとんどです。その空間で一年間を過ごす訳なので、どれだけ準備に時間をかけたとしても、かけすぎるということはありません。子どもたちも教師も安心して過ごせる学級をつくることが、後々発生したかもしれないトラブル対応などの時間を「削る」ことにつながっています。

第2章

目的思考で削る学級経営17のポイント

タブレットで連絡事項を共有する

連絡帳の目的

「連絡帳は必ず書かないといけない」

そう思っている方も多いのではないでしょうか。

たしかに、家庭との連絡ツールである「連絡帳」を完全になくすことはできません。しかし、不必要な部分を削って、仕組みを整える余地は残っています。

そのためには、まず自分自身の中で「連絡帳の目的」を明確にする必要があります。

「連絡帳の目的」は言うまでもなく、学校から家庭へ連絡事項を伝えることです。

「そんなの当たり前じゃないか」

という声が聞こえてきそうですが、案外そうでもありません。

私が連絡帳を書くことをやめた時には、

「黒板の連絡を丁寧に書き写すことも大事だと思う」

という意見もありました。たしかに、毎日黒板の連絡を丁寧に書き写すことで、字が上手になるということもあるのかもしれません。

しかし、授業時間以外に、黒板に連絡を書いて、丁寧に書けているかどうかチェックをして、書けていないものは直しをして…といった時間をとるのは、決して現実的だとは言えません。また、大前提として、「丁寧に黒板を書き写す練習をさせたい」と思って連絡帳というシステムが始まったわけではありません。本来の目的に立ち帰り、「丁寧に書き写す」ということは、国語の学習の中で考えていくべきでしょう。

▼タブレットで連絡事項を共有する

「学校から家庭へ連絡事項を伝える」という目的に焦点を絞って考えると、わざわざ黒板とノートを使わなくても、タブレットで連絡事項を送信するだけで全く問題がありません。私の自治体ではOffice365のアカウントが配付されているので、Teamsを活用していますが、子どもの端末に情報を一斉送信できれば、他のツールでも可能です。

このように仕組みを整えることで、

- 黒板に連絡事項を書いて、子どもが書き写す時間
- 連絡事項が正しく書き写せているかチェックする時間
- 連絡帳を回収・返却する時間

を削ることができます。

一日だけ切り取って見れば、それほど大した時間ではありませんが、毎日積み重なることで膨大な時間になります。連絡帳を書いてから返却するまでに毎日10分かかっていたとすれば、その時間を漢字や計算の練習に使い、基礎的な学力をコツコツ積み上げていくことも可能です。

また、時間という観点以外にも、授業の空き時間など子どもがいない時にも入力できたり、文字だけでなく写真を載せたりすることができるといったメリットもあります。

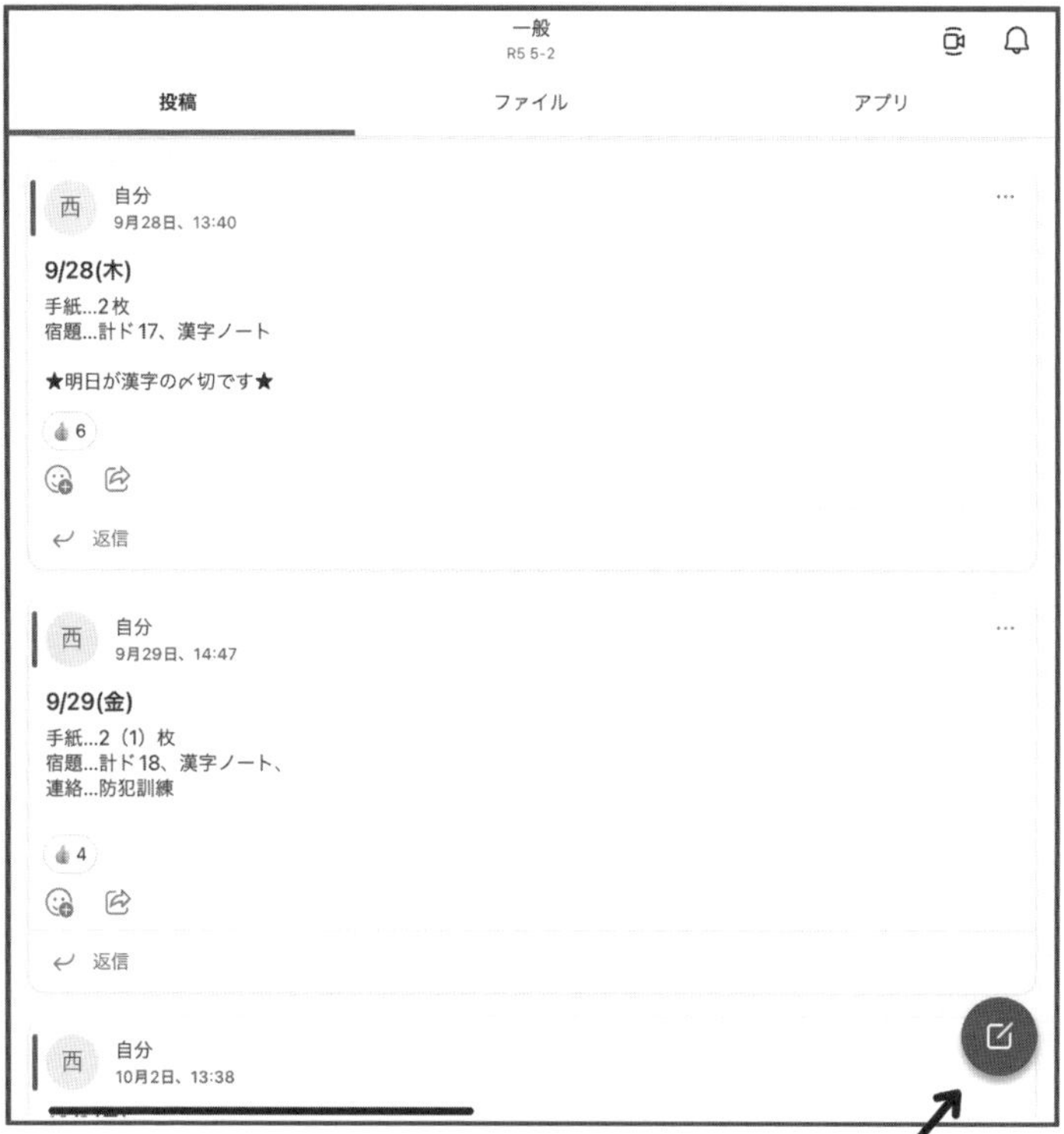

このボタンをタップして、新しい投稿を作成します。
日付、手紙、宿題、連絡、時間割など必要な項目を入力するだけです。

・間違えた時には、後から編集や追記も可能です。
・子どもたちのタブレットから編集することはできません。
・コメント欄は必要ないので使用しないよう伝えています。

2 欠席時のポスティング

ポスティングのいらない仕組みをつくる

欠席時のポスティングとは

多くの学校では、欠席した子どもに対して、その日の手紙や宿題プリント、欠席連絡カード（その日の学習内容や一言メッセージが書かれているもの）を家庭に届けるという文化があります。

届ける手段としては、同じ登校班など家が近くの子どもにお願いするのが一般的ですが、低学年を担任している先生などは、放課後に自分でポスティングをする方もいます。また、私の場合だけかもしれませんが、子どもに預け忘れてしまい、放課後に自分で届けるということも何度もありました。

欠席時のポスティングの必要性

このポスティングを行うために必要な作業として、
・手紙や宿題、欠席連絡カードを準備する
・準備したものを近くの家の子どもに預ける
・預け忘れた時の対応
などが考えられます。一見大したことがないように思えるのですが、30人ほどの学級になれば、一度に複数人休むなんてことはよくある話です。子どもたちが帰る直前になって、「○○さんの分は準備したけど、△△さんの分はまだしてなかった！」なんてことも珍しくありません。

この取り組みが子どもにとって必要不可欠なものであり、代替手段が他にないのであれば、手間を惜しまず忘れないように工夫しながら継続していくしかありませんが、一度必要性を検討してみる余地は残っているのではないでしょうか。

では、その必要性について、ポスティングをする一つひとつの物に焦点を当てて考えていきたいと思います。

まず学校から家庭に配布される手紙についてですが、その日のうちに目を通さないといけないほど緊急性の高い物は多くありません。欠席連絡カードに記載している学習内容も、次に登校した際に伝える形で問題ないでしょう。

宿題については、体調不良等なんらかの事情があって休んでいるのであれば、そちらを優先するべきです。また、その日に学習した内容を復習として宿題に出すことも多いので、次に登校した時に一緒に学習をしてから取り組む方が現実的な方法だと言えます。

しかし、翌日の時間割や持ち物など、その日の連絡帳に記載されている連絡事項がわからないというのは問題です。

このように一つひとつ精査していくと、連絡事項を伝える代替手段さえあれば、ポスティングをなくすことも可能だと考えることができます。そして、その代替手段には、前項で紹介した「タブレットで連絡事項を共有する」という方法を当てはめることができます。

ポスティングのいらない仕組み

このような考え方から、現在のクラスで行っている方法を紹介します。

・手紙…次回登校日に渡す。緊急の手紙のみポスティング
・学習内容や宿題…次回登校日に個別に対応する
・連絡帳…タブレットで連絡事項を共有

この仕組みを運用する上での留意すべき事項として、昨年までのシステムとの変更点を子どもたちに丁寧に伝えるということです。また、学年によっては、学級通信や学級懇談会で保護者の方に直接伝えた方が良い場合もあるでしょう。

家庭によっては「妹に宿題を渡してほしい」というように連絡が入る時もあるので、そのような場合には柔軟に対応していく必要があります。

3 子どもが自分たちで席を決める

席替えの目的

教師の視点から考える席替えの目的は何だと思いますか？

私の中では、「子どもたちが学習しやすい環境を整えること」だと考えています。

もちろん、席替えだけで整えられることは限られていますが、子どもたちの座席配置に頭を悩ませている教師は多いのではないでしょうか。それは、子どもたちの座席配置が学習環境に重要な影響を及ぼすということを体感的に理解しているからです。

私は、この目的を達成するために、学級の状態を「学級の安定を目指す段階」と「学級が安定した段階」の二つの段階に分けて、それぞれに合った方法を選択しています。

▼学級の安定を目指す段階

まずは学級の安定を目指す段階です。時期的には主に４・５月頃の学級をスタートした直後に当たるでしょう。

学級を安定させるために、子どもの性格や人間関係を考えながら教師が決めていきます。「教師が考える」という方法は、席替えの中で最も時間のかかる方法です。くじ引きならば、アプリをダウンロードするだけで簡単に行うことができます。

本書が効率のみに焦点を当てた書籍であれば、おすすめのくじ引きアプリを紹介していたかもしれません。しかし、子どもたちへの教育効果も効率もアップしていくためには、長期的な視点で考えて、時間をかける場面も必要になってきます。

▼学級が安定した段階

さて、本題はここからです。

一年を通して席替えは教師が決めるという先生もいるかと思います。しかし、教師が決める目的は、「学級の安定」のためだと整理してきました。

であれば、すべての子どもがどの席でも学習できるぐらい学級が安定してきたと教師が判断できるのであれば、時間をかけて教師が決める必要はありません。

もちろん年間を通して、安定が難しいような学級を担任する時もあります。その時には、一年間教師が決めるという選択も必要になってきます。

私は、６月頃になって、学級が安定してきたと判断できる状態であれば、「子どもたちが自分で決める」形の席替えにシフトしていきます。

具体的な流れは、次のページで示しています。

「くじ引きで行っても、時間短縮につながるし一緒じゃないか」と考える人もいるかもしれません。しかし、席替えの目的は「学習しやすい環境を整える」ということでした。子どもによっては、後ろの方が学習しやすい子も、前の方が学習しやすい子もいます。

くじ引きにしてしまうと、子どもたち一人ひとりが学習しやすい環境を選択できるチャンスをなくしてしまうことになります。

子どもたちが自分で決める席替え

①ジャンケンなどで座席を選ぶ順番を決める。
②自分のネームプレートを持って廊下に並ぶ。
※教室の中が見えない場所に並ぶ。
※誰かと相談したり、喋ったりしない。
③空いてる席にネームプレートを裏向きで置く。
④置いたら黒板の前で待機する。
⑤ ③〜④を全員が繰り返す。
⑥全員が終わったら場所を確認して、座席移動。

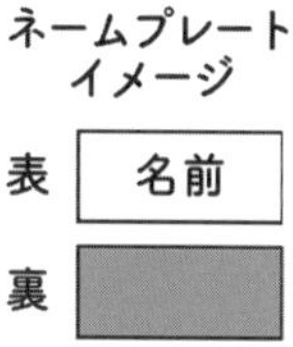

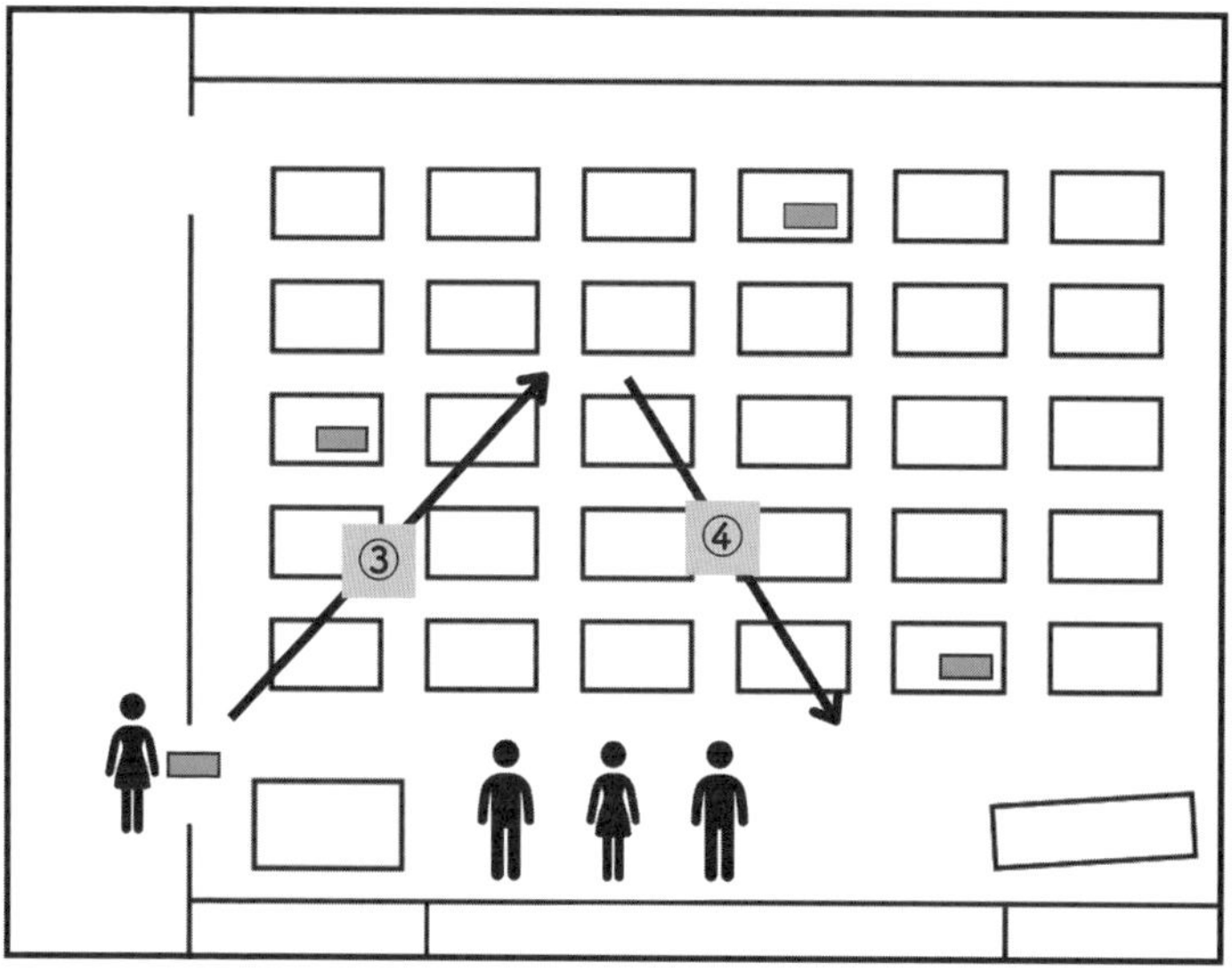

・他の席替えと同じように、視力等の個別の配慮は必要です。
・自分で決めた席で学習に支障をきたすようであれば、席を変更することもあるということ共通理解しておきましょう。

給食当番表のデータを共有する

給食当番表を掲示するデメリット

子どもたちへ給食当番を伝えるための方法として、みなさんはどのような形をとられているでしょうか。

・画用紙で枠組みを作成して、一週間ごとに名札を動かす
・マグネットを動かしていく
・定期的に給食当番表を印刷して掲示する

など、教室によって様々な形のものが存在すると思います。
私自身は、ずっと先輩の先生に教えてもらった画用紙で枠組みを作成する形をとってい

ました。しかし、この方法で行う中で、

- 一年で劣化してしまうので、毎年つくり替える必要がある
- 教室壁面の一部に必ず掲示スペースが必要になる

という二つのデメリットを感じていました。

「どちらもそんなに大したことではない」と感じる方もいるかもしれません。しかし、教師にとって最も忙しいのは4月の年度はじめです。その時期に一つでも仕事を減らせるというのは、私の中で大きなことだと考えています。

また、私は学級づくりを行う上で、教室環境の整備に力を入れています。壁面や棚の上などの不要な物を片付けて、子どもたちがスッキリと整頓された教室環境で過ごせるように日々意識をしているので、掲示物も可能な限り減らしていきたいと考えています。

▼給食当番表をデータ共有する

「毎年つくり替える必要がない」「教室に掲示スペースを確保する必要がない」という二つの課題をクリアするための方法として、現在の学級では、給食当番表をデータで共有する形をとっています。具体的には、表計算ソフト（Numbersを使用）で枠組みを作成し、そこに一週間ごとの当番を当てはめていくというシンプルなものです。

外枠だけ固定しておくことで、スクロールが可能になるので、先の当番でも見にくくなるということはありません。このデータをTeamsにアップし、学期はじめに子どもたちに共有するだけで、その後の作業は何も必要ありません。

データを一度つくってしまえば、あとは毎年子どもたちの名前を変更するだけで、枠組みをつくり直す手間も発生しません。

※「データを一からつくるのはちょっと…」という方は、私のInstagramにDMを送っていただければ、データを送信することも可能です。

【主な作成手順】

・NumbersやExcelなどの表計算ソフトで枠組みを作成します。
・日付、当番、イラスト、名前を入れていきます。
・表の上部を固定し、スクロールできる設定にします。

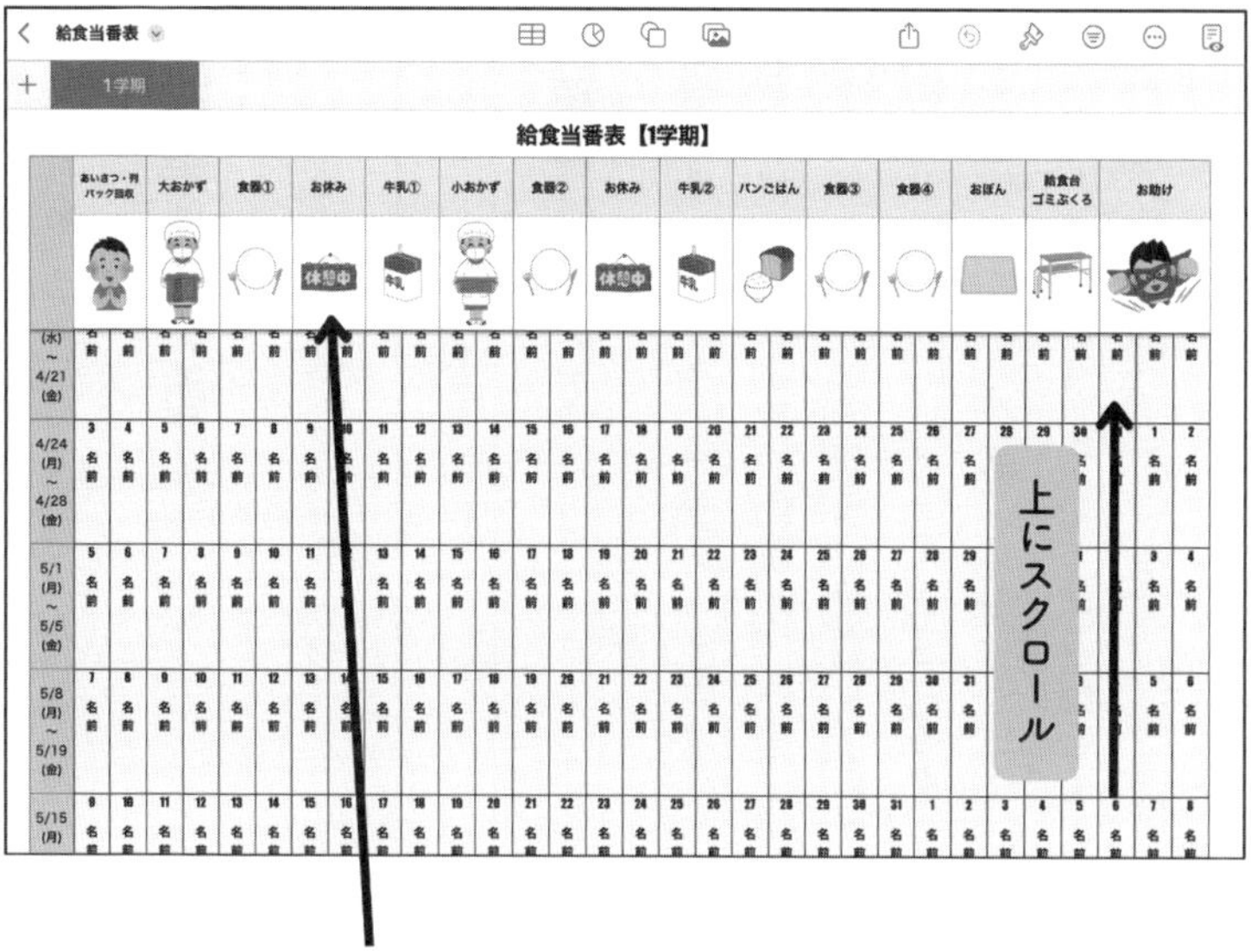

休憩の人も当番の中に組み込んでおくことで、後から当番と休憩を入れ替える作業も必要なくなります。

学級の人数によって当番内容や枠組みの調整は必要になりますが、表を挿入したり削除したりと、必要な作業はすべてデータ上で完結させることができます。

5

係の仕事に集約する

日直の必要性について

私が担任する学級には、日直というシステムは存在しません（ここで言う日直とは、朝の会の司会や授業の挨拶など学級の仕事を、輪番で担当する制度を指します）。その代わりにすべてを係活動の仕事に集約しています。

係活動という言葉から一般的にイメージされるものとしては、

・挨拶係など学級の仕事として必要なもの
・遊び係など子どもたちが創意工夫して取り組むもの

の二種類があると思いますが、ここで扱う係活動は、前者の「学級の仕事して必要なもの」を指しています。

なぜこのような形をとるのかというと、日直も係活動も、どちらも学級の仕事であることに変わりはないからです。であれば、わざわざ二つを使い分けずとも、シンプルに係活動という一つのシステムに集約した方が、物事を整理して捉えることができます。

また、日直というシステムを取り入れる別の理由として、帰りの会でスピーチを行うなども考えられますが、その場合は、別途スピーチの順番を決めれば問題ありません。

効率化という視点から考えても、日直というシステムを取り入れる場合は、日直用の札を準備したり仕事内容を考えたりするという仕事が生まれますが、単純に係活動に集約するだけで、これらの仕事を削ることもできます。

学級の仕事に責任をもって取り組むために

学級の仕事としての係活動を考える際に重要なポイントとしては、「一人一役」のように、自分自身の仕事内容を明確に捉えることができ、一人ひとりが責任をもって取り組めるように仕事内容を考えるということです。

教師がいなくても学級が回るようにするというイメージで考えると良いでしょう。

しかし、日直が多くの仕事を担当してしまうと、どうしても係活動の必要性が薄くなってしまい、同じ仕事を何人もの子どもが担当したり、数合わせのためにつくる必要のない係が生まれてしまったりして、責任をもって取り組める環境ではなくなってしまいます。

このような視点からも、係活動に集約するメリットはあると感じていますが、この話を聞く中で、

「それなら係活動をなくして日直だけにしても問題はないのではないか」

と考える方もいるかもしれません。

もちろん、日直に集約するという考え方も可能です。日直は学級の仕事として行い、係活動は創意工夫して子どもたちが自主的に取り組むものとして棲み分けをすると、子どもたちもイメージしやすくなります。

しかし、そうした場合には日直の仕事が多くなり、担当する子どもの負担が大きくなってしまうことも想定されます。そのため、私は係活動として仕事内容を分担する方法を選択しています。

【主な係活動】

仕事	人数	内容
手紙	1	朝、ボックスから手紙を持ってくる。
保健	1	健康観察ファイルを職員室に届ける。
体育(進行)	2	整列、体操など体育の時間の進行をする。
体育(準備)	2	鍵を開ける。準備や片付けをする。
配達	4	ノートや返却物などを配る。
黒板	3	1～2限目・3～4限目・5～6限目：1人ずつ
給食	2	「いただきます」の挨拶をする。（1人） 「ごちそうさま」の挨拶をする。（1人）
時間割	1	帰るまでに翌日の時間割に変更する。
司会(朝の会)	2	朝の会の司会をする。
司会(帰りの会)	2	帰りの会の司会をする。
宿題	2	宿題にハンコを押す。
挨拶	3	1～2限目・3～4限目・5～6限目：1人ずつ
学習	2	専科の時間に必要な仕事をする。
移動	1	移動教室の時に先頭に立つ。整列の声掛け。
戸締り	1	移動教室時の戸締り。帰りに窓を閉める。

一人ひとりが責任をもって取り組めるように人数を調整していますが、各学級の実態に応じて仕事内容や人数の変更は必要になります。

6 放課後に画鋲を使って作品掲示

ジョイントクリップで作品掲示

作品掲示の方法

初任の頃は、子どもたちが帰った後に、一人で黙々と作品掲示を行っていました。疲れている放課後に、今貼っている画鋲を外して、新たな作品を画鋲で止めていくというのは、中々に骨の折れる作業です。

そのため、現在はやり方を変えて、

・休み時間に
・子どもたちと一緒に
・ジョイントクリップを使って

作品掲示を行っています。画鋲を使うということもほとんどありません。

休み時間に子どもたちと一緒に行う

まず放課後ではなく休み時間に行うことによって、子どもたちが自然と手伝ってくれます。「〇〇さんの作品がすごい上手だね！」なんていう話を通して、子どもたちとコミュニケーションをとりながら行うことができます。

また、こちらから指示せずとも「クリップを付ける人」「先生に渡す人」というように、役割を分担しながら手伝ってくれたりもするので、作業時間自体もかなり短くなります。

この方法で行うために重要な点としては、図工の作品ができたらすぐに掲示するということです。私は最初の頃は参観の前日になったから貼り替えるという形で作品掲示を行っていましたが、そうすると「今日の休み時間は余裕がなかったから明日しよう」ということはできずに、放課後遅くなっても掲示し終えないといけなくなってしまいます。

また、効率化という視点だけでなく、せっかくつくった作品を掲示しても、時間が経ってしまい子どもたちの興味が薄れてしまうということも懸念されます。

ジョイントクリップで行う

作品一つひとつを画鋲で止め外しするのは非常に時間がかかりますが、その画鋲をジョイントクリップに変更するだけで、かなりの時間を削減することができます。

まず年度はじめに、白画用紙を切ったものを、画鋲や養生テープで壁面上部に固定をします。そして、掲示する作品ができたら、そこを起点としてジョイントクリップで作品を吊り下げていくだけです。

ジョイントクリップを使うことによって、作品同士に隙間ができるので、そこに名前や作品名を書いたカードを貼り付けることもできます。

これは職場の先輩に教えていただいた工夫で、それ以来「作品を画鋲で掲示する」という大きなストレスをなくすことができています。

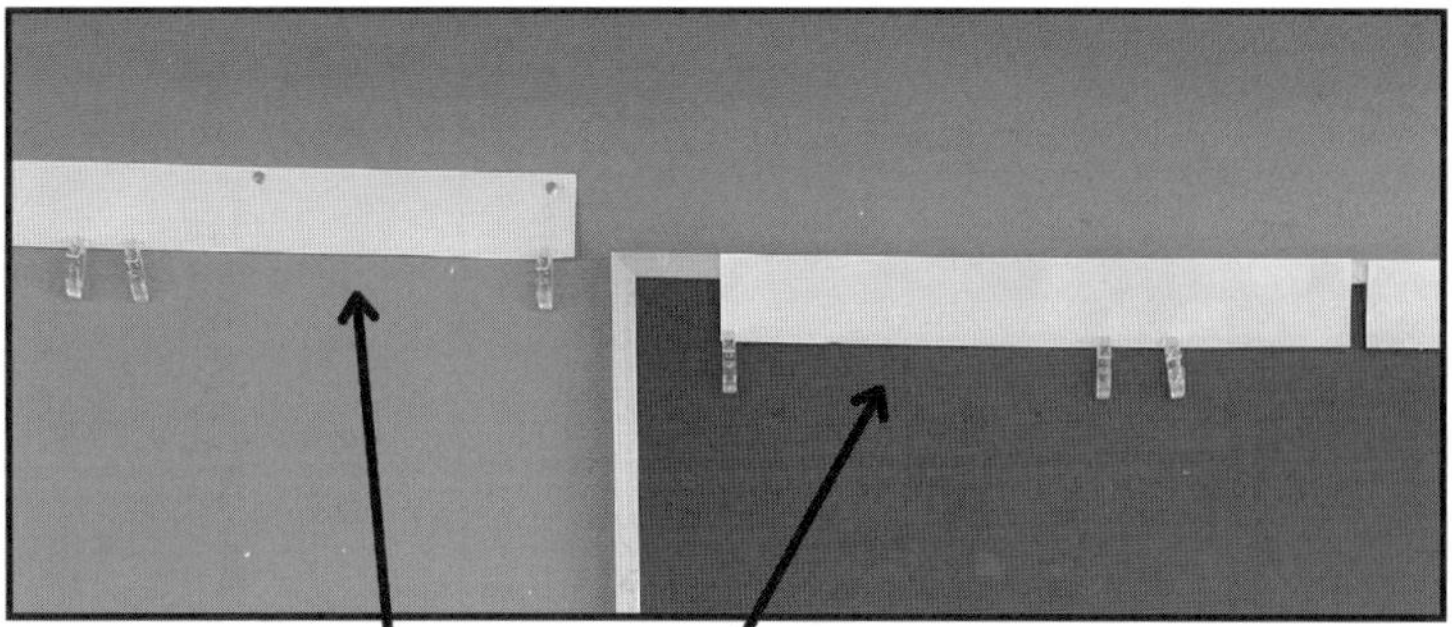

壁面上部に白画用紙を切ったものを、画鋲や養生テープで固定します。

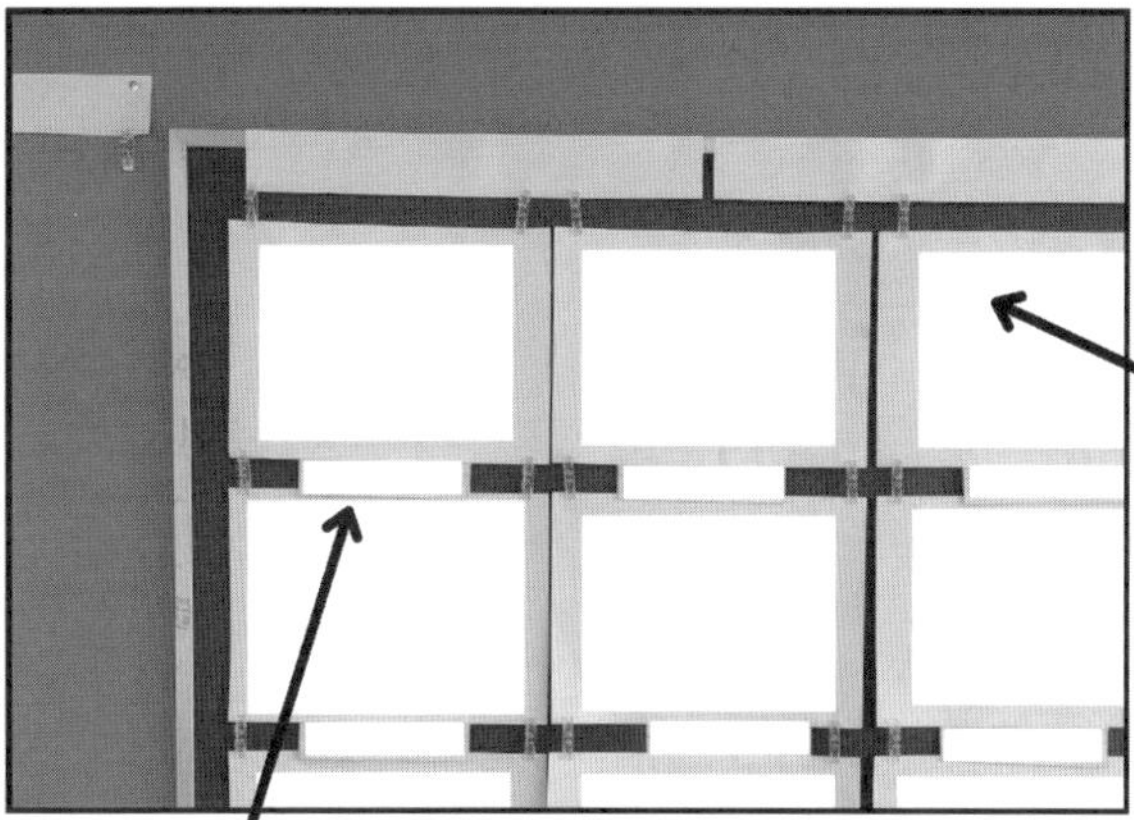

実際に作品を掲示するとこのような感じになります。

　ちょうどジョイントクリップで作品同士の間があき、そこに名前と作品名を書いたカードを貼ることができます。

　ジョイントクリップはネットで探して安いのを購入しました。学校によっては事務室に置いているところもあるかもしれません。

7 宿題を忘れない仕組みづくり

宿題を家でする必要性

どのクラスにも宿題を忘れてくる子どもがいると思います。その対応として、「厳しく指導をして次回から忘れないように気をつけさせる」「ご褒美シールなどを活用して、やってきたことを価値づけていく」などを聞いたことがあるかと思います。

一見、後者の指導の方が優れているように思うかもしれません。私自身も初任の頃は、シールやシール台帳をつくって、宿題をなんとかやってこさせようと努力しました。しかし、どちらの指導も根本の部分は変わりません。その根本部分とは、「子どもが家で宿題をする意義を感じていない」ということです。子どもが意義を感じないままに、目先の対処だけを行っても良い結果にはつながっていきません。

しかしながら、この「家で宿題をする意義」を子どもたちに感じさせることは、かなり困難なことだと考えています。なぜなら、私自身も意義を感じないからです。

勘違いされそうなので補足をしておきますが、私は宿題に対して全く必要ないと考えているわけではなく、「家でしないといけない」ことをはじめとした、宿題のあり方に疑問を感じているということです。

宿題のあり方

私のクラスの基本的な宿題としては、一般的な学級と同じように、漢字ドリル・計算ドリルや算数プリント・音読の三種類があります。これら三種類の宿題を出す目的としては、「読み、書き、計算」と言われるように、基礎学力を定着させるためです。思考力・判断力・表現力が重視されようと、探究的な学びを核に据えようと、基礎を疎かにすることはできません。

宿題の出し方については、次節以降で詳しく紹介していますが、漢字ドリルや計算ドリルについては、各自のペースで進めていく形をとっているので、家で取り組む子どももいれば、学校の空き時間を見つけて進めていく子どももいます。中には算数の授業時間内で計算ドリルを終えてしまう子もいます。

また音読や算数プリントなどは、国語の「読むこと」の学習が始まったり、算数でつまずいている子どもが多い内容があったり、必要に応じて宿題に出すというイメージです。

しかし、この全員一律の宿題に関しても、「必ず家でしましょう」ということは伝えていません。苦手な子は、空き時間に教師と一緒に取り組むこともよくあります。

このようなシステムであれば、「宿題を忘れる」という概念自体がなくなり、本当に指導が必要なことというのは、「家でも学校でも宿題をせずに遊びを優先している」というような学習に臨む態度のみに限られてきます。

宿題忘れの指導の弊害

朝学校に来て宿題をしている子どもに対して、「宿題は家でしなさい！」と指導をするのは簡単です。しかし、子どもたちの家庭の状況は様々です。夜遅くまで塾に行かなければいけない家庭もあれば、兄弟の世話や家事をこなしている子どももいるでしょう。すべての子どもたちが自分からその状況を説明できるわけでもありません。

そんな教師の把握しきれない状況の中で、必ず取り組まないといけない課題を科すというのは、酷なことです。

また、仮に子どもの怠慢によって宿題をやって来ていなかったとして、指導をした結果真面目に宿題をやってくるようになるとも考えにくいです。予想される結果としては、教師への不信感を募らせ、どこかで反発という形の行動に出るか、表面上はやっているように見えて、誰かに答えを見せてもらうなどではないでしょうか。

こういったことを考慮すれば、宿題忘れに対して指導をするメリットが思い浮かびません。忘れないように試行錯誤するよりも、学校で宿題をしている子どもたちと一緒に取り組み、わからないところがあれば助言をする方が、本来の目的である基礎学力の定着に対してよっぽど効果があると考えています。

8 宿題（音読・計算ドリル）

必要な部分のみを残し、自分で選択できる仕組み

音読の宿題

日本の小学校の一般的な宿題のイメージとして、漢字ドリル・計算ドリル・音読の３つが挙げられると思います。宿題の目的やあり方について、前節でも大まかに話をしました。ここからは、一つひとつの内容ごとに丁寧に考えていきたいと思います。まずは、音読の宿題についてです。

では早速ですが、そもそも音読の宿題を出す必要はあるでしょうか。私は以前まで、毎日の宿題で音読を出していました。しかし、本当に必要だと思って出していたというよりかは、周りの先生が出しているからという理由が中心でした。子どもたちの中には、音読

カードにハンコだけ押して、実際は音読をせずに提出している子どももいたでしょう（私が子どもの頃もそうしていました）。

こういった理由がすべての教師に当てはまる訳ではありませんが、このようになんとなく出されている音読の宿題に効果があるとは到底思えません。そこで、子どもたちが必ず宿題に取り組むように、音声を録音してデータで提出するというような方法も考えられないことはないですが、毎日の宿題でそこまで音読を重視する理由が見つかりません。また、このように方法の改善を急ぐ前に、目的や必要性に立ち返って考えるのが重要です。

音読は国語科学習指導要領の知識・技能として位置づいているので、指導しないということはあり得ませんが、毎日の宿題に出すかどうかは全く別の話です。

私の学級では、物語文や説明文など、読むことに関する学習をしていて必要だと感じる時には、音読の宿題を出しますが、それ以外で出すことはありません。

「毎日の宿題だから」と思考停止で続けたり、必要ないとすべて捨て去ったりするのではなく、教師として納得できる形を見つけるのが大事です。

▼計算ドリルの宿題

計算ドリルは算数で学習した基礎・基本を定着させるために必要だと考えています。学力テストや教科書の発展問題のように、ドリルだけでは太刀打ちできない部分があるのも事実ですが、だからと言って復習や基礎を疎かにしていい理由にはなりません。

しかし、計算ドリル自体は必要だと考えていますが、一般的な宿題の出し方には改善すべき部分があると考えています。ここで言う一般的な宿題の出し方とは、「今日は計算ドリルの3が宿題です」のように、教師がその日の範囲を決めて子どもたちが家で終わらせてくるという方法です。そして、改善すべきだと考えているのは、「全員同じペースで進める」点と、「家でしないといけない」という点の二点です。

「全員が同じペースで進める」という部分に関しては、子どもの学ぶペースは様々で、まさに十人十色です。算数が得意で先に進めたい子どももいれば、じっくりと考えたい子どももいます。算数では、その自分のペースを尊重し、子どもたちが自立して学びを進められる仕組みを整えています（授業の詳細は第3章に記載）。

その学習の仕組みの中に計算ドリルも位置づいているため、子どもたちは自分のペースで進めていくことができます。写真が授業で活用している学習計画表の一部ですが、その中に計算ドリルの範囲も示しています。

学習ステップごとに締切を設けていますが、家で予習として先に進めている子どももいれば、授業中に計算ドリルを進めている子どももいます。

「家でしないといけない」という部分に関して、前節で詳しく話をしています。

私の学級にも算数が苦手な子がいますが、いつも休み時間に自分から計算ドリルを持って質問に来ます。わからない問題もすぐに質問できる環境があるので、宿題で無意味に苦しむことはありません。教師という有効なツールを使い倒している分、テストの点数も確実に向上してきています。

三角形や四角形の面積【学習計画表】　名前

Step	内容	教科書	eボード	必修問題	計ド	授業動画
1	平行四辺形の面積の公式	P199~202	【3】	葉1.2 練1.2.3	【3】 1~5	https://youtu.be/ 2CLR79Lz1i0
2	平行四辺形の面積：練習	P203~204	【4】	葉3.4 練4.5	【3】 6~10	https://youtu.be/ LDjKgOeihPg
3	三角形の面積の公式	P205~208	【1】	葉5.6 練6.7.8	【4】 1~5	https://youtu.be/ 60871Aullmg
4	三角形の面積：練習	P209~211	【2】	葉7.8 練9.10.11	【4】 6~10	https://youtu.be/ BRPQRVwxhr0
5	高さと面積の関係	P212	×	葉9	【5】	×
6	台形の面積の公式	P213~215	【5】	葉10.11	【6】 1~3	https://youtu.be/ Fwrwchh-j1M
7	台形の面積：練習	×	【6】	練12	×	https://youtu.be/ Z10e2OBMMkY

9　宿題（漢字ドリル）

必要な部分のみを残し、自分で選択できる仕組み

漢字ドリルの宿題の意味

おそらく、日本の多くの小学校で宿題として出されているのが漢字です。私が過去に勤務してきた学校では、漢字ドリル＋漢字ドリルノートという形が取られていました。漢字ドリルで四〜五文字程度練習をした後に、漢字ドリルノートで、漢字を繰り返し練習し、熟語や短文を書くといったものです。

端的に言うならば「たくさん書いて覚えよう」という考え方です。私は漢字や国語の専門家ではないので、有効な漢字の学習法についてこの場で論じることはできませんが、宿題で漢字をたくさん書かせても、覚えられていない子どもが多いということは、これまで

の教師経験から強く実感しているところです。授業中に集中して同じだけ練習するのであれば、結果も変わってくるかもしれませんが、宿題という文脈でたくさん書かせるとなれば、子どもたちの思考が「どれだけ楽をして、早く終わらせるか」というような方向に流れても不思議ではありません。

必要な部分のみを残す

漢字を宿題で出す目的は、子どもたちが漢字を覚えて使えるようになることです。たくさん書かせることが目的ではないので、漢字ドリルノートは廃止し、漢字ドリルのみを使って漢字の学習を進めるようにしています。漢字ドリルでの漢字の学習方法については、土居正博先生の『クラス全員が熱心に取り組む！漢字指導法』を参考にしています。

また、漢字ドリルノートを廃止するもう一つのメリットとして、丸付けをする時間が必要なくなるという点です。これは業務効率ということではなく、漢字ドリルノートと向き合っていた時間を、子どもと向き合う時間にあてることができるということです。漢字ドリルで学習を進める際、子どもたちは一～二ページごとに教師のチェックを受けないと次のページに進むことができないようにしています。そのチェックの際に「ナレルという漢字を空書きで書きましょう」「慣がつく熟語を二つ言ってください」のように簡単なテストをして、子どもたちがただ書いているだけでなく、本当に覚えられているかを見取るようにもしています。これはとても時間がかかりますが、子どもたちの学習状況を把握し、個別に声をかけることは、それだけの時間をかける価値があることだと考えています。

自分で選択できる仕組み

計算ドリルと同じように、学習を進めるペースや学習を行う場所は自分で選択できるようにしています。漢字に関しては、教師に質問しないとわからないというような状況は発生しにくいかもしれません。しかし、家庭の様子や習いごとなど、子どもたち一人ひとりの状況をすべて教師が把握することは不可能です。そのような中、教師が方法や進度を一律に決定するよりも、自分自身の状況に合わせて、自立して学習を進められる仕組みを整える方が子どもにとって意義があります。

漢字学習計画表を配付し、漢字ドリルの最初のページに貼り付けて、いつでも確認できるようにします。

漢字ドリル28は 9 / 28 までというように締切を設定します。

◆漢字学習計画表

火	8/29		12		26		10	
水	30		13		27		11	
木	31		14		28		12	
金	9/1		15	19まで〆切	29	28まで〆切	13	
土	2		16		30		14	
日	3		17		10/1		15	
月	4		18		2		16	
火	5		19		3		17	
水	6		20		4		18	45まで〆切
木	7		21		5		19	
金	8		22		6		20	
土	9		23		7		21	
日	10		24		8		22	
月	11		25		9		23	

いつ頃までに、どこまで進めるかという大まかな予定を記入します。

締切は設定するものの、それまでに進めるペースは自分で決めます。また、給食の後や家、自習の時間など、漢字の学習に取り組むタイミングも自分で決めます。

10 学級目標を決める

学級文化を醸成する

学級目標の必要性

年度始め、学級のスタートと同時に学級目標を決めることがよくあると思います。教師から提示する形もあれば、子どもたち同士で話し合う形もあり、学級目標の決め方は様々です。

「今年からは子どもたちが自分事として捉えられるよう、みんなで話し合って決めていこう」というように決め方を工夫することはあるかもしれません。しかし、そもそもの学級目標が必要かどうかという部分から考えたことはあるでしょうか。

私自身の考え方としては、学級目標は必要ないと考えています。その理由として、クラスで何か一つの目標を決めて、その一つの目標がすべての子どもに合った目標になるということは難しいと思っているからです（もちろん、私の学級ではという話で、学級目標を立てて、それを有効に機能させている先生もおられるので、それらの実践をすべて否定するものではありません）。

例えば、「みんな仲良く」や「協力」のような目標であれば、すべての子どもに必要なことではないかと考える人もいるかもしれません。しかし、それは教師の願いであって、子どもたちが主体的に達成するために努力をするような「目標」と言うことはできないと考えています。

仮にこのような目標を、教師主導や一部の子どもたちの話し合いで決めてしまうと、「目標とは、誰かが決めるもの」という潜在的なメッセージを与えかねません。

本来の目標とは、目的という最終的なゴールを目指すために、現在地からどのように進んでいくかという指標のようなものであり、自分自身（もしくは同じ目的に向かう集団）が何かを達成するために主体的に考えていく必要があります。

私自身は、子どもたちが安心して過ごせる場所であり、緩やかにつながりながら個人の目標に向かって学習を進めていけることが学級のあり方の理想と考えています。スポーツチームのような同じ目的に向かう集団ではありません。そのため学級目標は設定しないという選択をしています。

▼文化を醸成する

学級目標はありませんが、年度始めに私自身が大切にしていることを、スライドを準備して丁寧に子どもたちに伝えています。

何かトラブルがあった際には、その話に立ち戻って、再度スライドを提示しながら何度も話をします。また、「教師の声かけなしでも時計を見て動けている子がいた」「給食のおかわりで大きい方を譲ってくれている子がいた」などの些細なことでも、子どもたちの素敵な姿を発見したら、その姿を認め、全体に共有します。

そのように、目標という形ではなく、教師の願いとして伝え、子どもの姿から徐々に全体に広げていくことで、学級の中に「時間を守る」「他者を尊重する」などの文化を醸成していくということは大事にしています。

先生が大切にしている4つのこと

① 時間

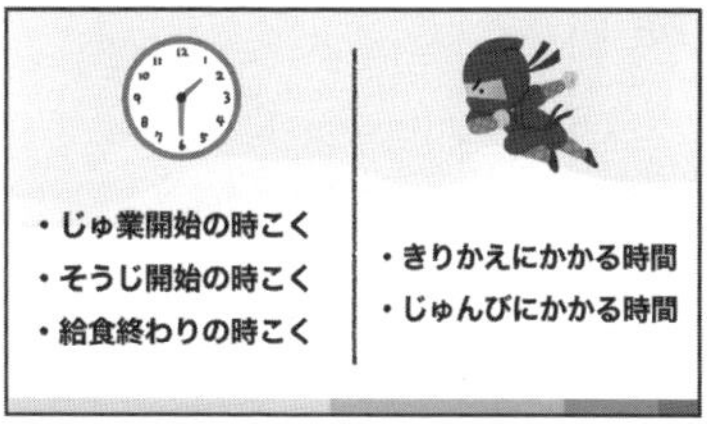
・じゅ業開始の時こく
・そうじ開始の時こく
・給食終わりの時こく
・きりかえにかかる時間
・じゅんびにかかる時間

② ていねいさ

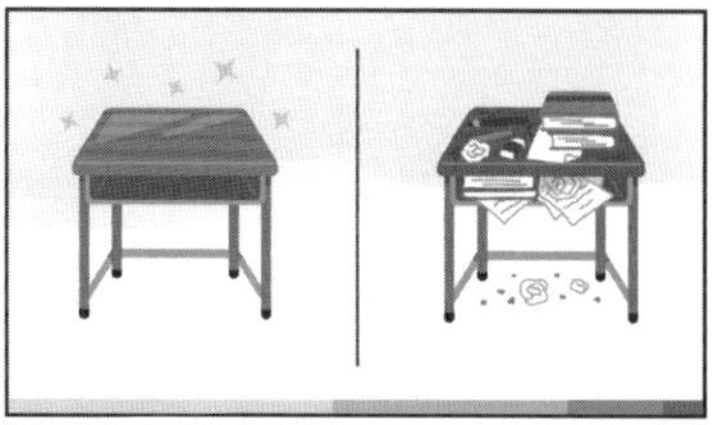

③聞く

聞き方
「最後まで聞く」

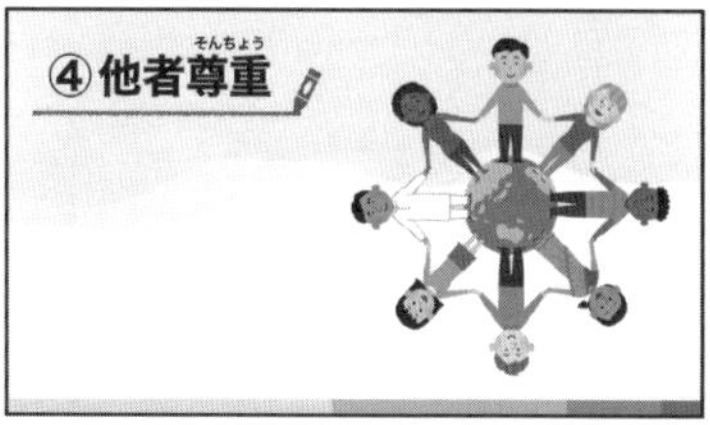
④他者尊重《そんちょう》

これは5年生を担任した時に作成したものです。担任する学年やその時の考え方によって変更するので、毎年伝えることは変化します。

11 黒板周りに掲示物を貼る

何も貼らない

黒板周りに掲示する意味

当然ですが、学級の前面には黒板があります。多くの学級では、その黒板の周りに掲示物を貼っていたり、日付を書いていたり、日直の札が掛かっていたりするのをよく見かけますが、私の学級では、黒板周りには何もありません。

しかし、「何も掲示しない」ということにこだわっているわけではなく、必要でないものを削っていった結果、自然と今の形になっていきました。

学級目標でも学習規律でも、黒板周りに何かを掲示するということは、授業中に常に目に入る位置にあるということです。教師が話をしたり、子どもが前に出て発表したりしている時にも、常にそれが視界に入っているということです。

そう考えると、黒板周りに掲示するかどうかの基準も見えてくると思います。常に必要な情報なのであれば掲示していけばいいし、そうでないのであれば別の適切な場所に掲示をすればいいでしょう。私自身は現段階で、各教科の授業中や朝の会での教師の話など、すべてに共通して必要な情報が思い浮かばないので、何も掲示をしていません。

スペースは有効活用しない

黒板周りに多くの掲示物が貼られてしまう理由としては、「そこにスペースがあるから」ではないでしょうか。一般的な教室の構造上、黒板の横にスペースができ、そこに画鋲が刺せる掲示板が設置されていることが多いです。

教室には掲示しないといけないものがたくさんあるので、そのスペースを有効活用しようと思うのは当然の考え方です。しかし、現代の学級では掲示スペースは無限にあります。それは、「クラウド」です。別の項目で触れている部分もありますが、私は給食当番表や委員会の当番表など様々な掲示物は Teams というクラウド上で共有しているので、物理的な掲示スペースを確保する必要は一切ありません。

教室環境を整える

黒板周りに何も掲示しないメリットとして、学習に必要のない情報をカットできるということもありますが、教室の環境を整えるという意味合いも大きいです。子どもたちが一日を過ごす教室なので、可能な限り整理整頓を心掛けて、気持ちよく過ごせる教室をつくりたいと考えています。

そのためには、黒板周りの掲示物を含め、必要最低限の物を適切な場所に配置していくことが重要です。そのように考えて実践していくと、自然と黒板の周りに掲示する物も少なくなっていくのではないでしょうか。

黒板の上や横のスペースはそのままの状態です。

黒板の端に日付や日直を書いたりもしません。

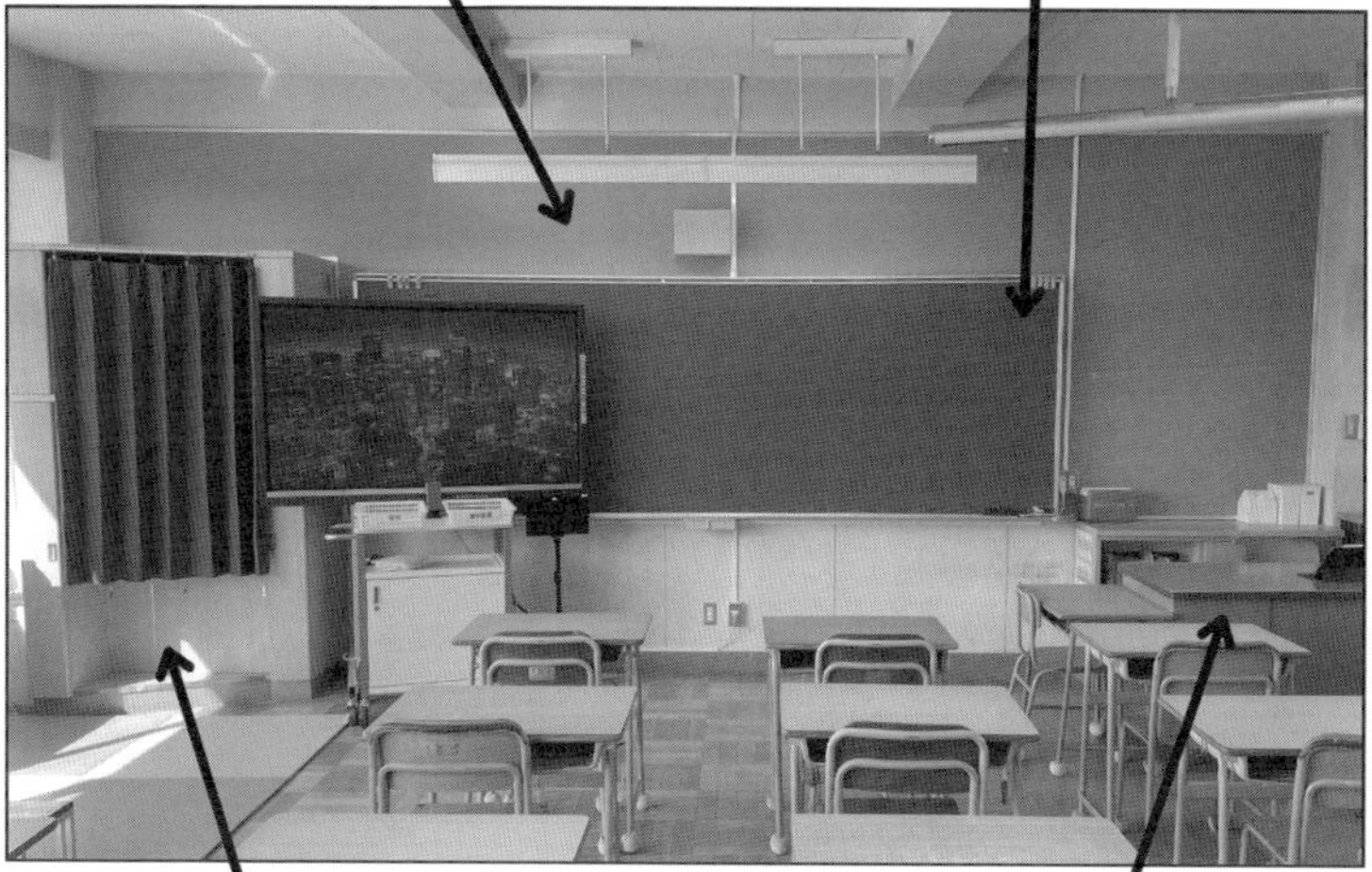

棚の中が見えないようにカーテンを設置しました。

教師の机の上や後ろの棚にもなるべく物を置かないようにしています。

この項目の話とは直接関係ありませんが、電子黒板は常に写真の場所に配置しています。電子黒板をよく使うため、なるべく見やすい位置に置きたいのと、黒板は2/3ほど使えれば個人的には全く問題ないからです。

12

帰りの会を工夫する

必要なことのみを行う

帰りの会での失敗

過去に、帰りの会で日直の子のがんばりや良いところについて話をしたり、他の子どもたちから発表してもらう機会をつくったりしていました。

しかし、これが全くもって上手くいきませんでした。私の取り組み方に改善する部分は確実にあったのですが、そもそも子どもたちは「早く帰りたい」と思っているのです。がんばって発表してくれている子どもたちもたくさんいたのですが、「早く帰りたい」という子どもたちの思いを感じるようになってからは、改善を重ねてその取り組みを続けていくという選択はできませんでした。それに帰りの会の目的を考えると、私自身も、その取り組みを継続する必要性を感じなくなってきました。

▼帰りの会の目的

ではこの帰りの会をなぜ行うのか、その目的を確認します。あくまで私の考え方ですが、基本的には「連絡事項を伝える」ということだと考えています。学級担任が授業をすることの多い小学校ではその必要性を感じにくいかもしれませんが、教科担任制などの場合は、学級担任が前に立って話をする機会が少なく、朝の会や帰りの会が連絡事項を伝えられる重要な時間となります。しかし「連絡事項を伝える」ということが主目的であるとわかってはいるものの、帰りの「会」として行っていると、学級担任としてひと工夫加えたくなってしまうという気持ちは、とてもよくわかります（私だけかもしれませんが…）。

▼必要なことのみを行うシンプルな帰りの会

現在の帰りの会の形は非常にシンプルで、主に行うこととしては「整理整頓」「教師からの連絡」「挨拶」の3つだけです。

教師からの連絡と挨拶は必ず入ると思いますが、整理整頓については、私の必要感から帰りの会の一つとして設定しています。子どもたちが帰った後に、机にかけている雑巾が落ちていたり、机がガタガタになっていたりすることがよくあるので、しっかり整理整頓をしてから一日を終えるように、子どもたちには伝えています。

挨拶のみにして、帰りの会をなくすということを考えたこともあります。しかし、
・整理整頓は必ず帰る前に行いたい
・教師の声掛けなしで子どもたちだけで学級を回してほしい
という理由から、帰りの会があった方が良いと考えています。

帰りの会を行う中で、係の子どもが前に立って、水筒や体操服の準備を忘れている子に声をかけてくれたり、前を向けていない子に優しく注意をしてくれたりします。このように、教師が前に立たなくても学級が回るようにということを考えて、なくすことはせず、不必要な部分を削ったシンプルな形にしています。

朝の会

※かならず8:50までにスタート
※1時間目が移《い》動の時は朝の会は無し

①朝のあいさつ
※しずかになってから。
「朝の会を始めます。起立。」
「おはようございます。」

②児童からの連らく
「何か連らくのある人はいますか。」

係や委員会など子どもからの連絡は、朝の会で。

③先生からの連らく
「先生からの連らくです。」
※自分の席にもどって、話を聞きます。

帰りの会

※授業終了→帰る用意5分→帰りの会

①あいさつ
※しずかになってから。
「帰りの会を始めます。」

②整理整とん
「ぞうきん、机の位置を確認しましょう。」

③先生からの連らく
「先生からの連らくです。」
※その場で話を聞きます。

④さようなら
「帰りのあいさつをします。起立。」
※しずかに前を向けたら→「さようなら。」

係の子どもが慣れるまでは司会原稿を活用し、慣れてきたら原稿はほとんど使っていません。

QRコードやカラーシールで仕組み化

提出物チェックにかかる時間を削る

漢字や計算ドリル、音読、プリントなど、学級では様々な提出物のチェックに追われます。これらの提出物チェックをなくすことは、正直なところ難しいでしょう。しかし、年度当初に仕組みを整えておくことで、提出物チェックにかかる時間を大幅に削ることはできます。提出物のチェックは毎日のことなので、毎日10分削るだけでも、年間で見ると大きな時間を生み出すことができます。

提出物のチェックに限ったことではありませんが、仕組みを整えるためには、自分で仕組みを考えたり、準備をしたり、子どもに説明したり、最初に時間をかける必要があります。この最初に時間をかけることを躊躇ってしまうと、毎日を自転車操業で乗り切っていくなんていうことになりかねません。面倒だと思うかもしれませんが、時間の先行投資だと思って、しっかり仕組みを整えていきましょう。

▼ＱＲコードを活用する

仕組み化の一つ目がＱＲコードの活用です。音読（読書）カードや健康観察カードなどは、事前にＱＲコードを貼り付けておき、子どもたちが提出時にスキャンをするだけで、提出の有無が一覧で確認できるようにします。

具体的な手順として、まず「ＱＲ提出物チェッカー」というアプリを使わなくなった古いスマホにダウンロードします（他にもＱＲコードで提出の有無をチェックできるアプリはありますが、個人的にはこのアプリが使いやすかったです）。ＱＲコードは、このアプリで簡単に作成できるので、それを印刷し、子どもたちに配付します。子どもたちに音読カードなどの必要な場所に、そのＱＲコードを貼り付けてもらい準備は完了です。あとは、提出場所にそのスマホを置いておき、子どもたちが提出する時にスキャンできるようにしておくだけです。さらに、スマホの画面を電子黒板に映し出すことができれば、スキャンできたかどうかを電子黒板上で確認可能にもなります。

また、QRコードを活用し、提出の有無が一覧で確認できるようになると、子どもたち同士で「○○さんまだ出してないよ」と声をかけ合ってくれるようにもなります。

▼カラーシールを活用する

仕組み化の二つ目がカラーシールの活用です。計算ドリルは、QRコードではなくカラーシールで提出管理を行っています。QRコードを使わない理由としては、計算ドリルはその場で丸付けを進めていくので、直接教師の机に出してもらいたいからです。

カラーシールを活用するために必要な準備は、1番から5番は赤、6番から10番は青…というように5人ごとに色を変えて背表紙に貼っていくということです。また、各カラーが誰かすぐにわかるように、色分けした名簿もつくっておきます。

あとは、提出の有無を確認したい時に、カラーシールごとに並べ替えるだけで、「赤が一人出ていないな」「○○さんだな」と、すぐにチェックできます。

【QRコードの活用】

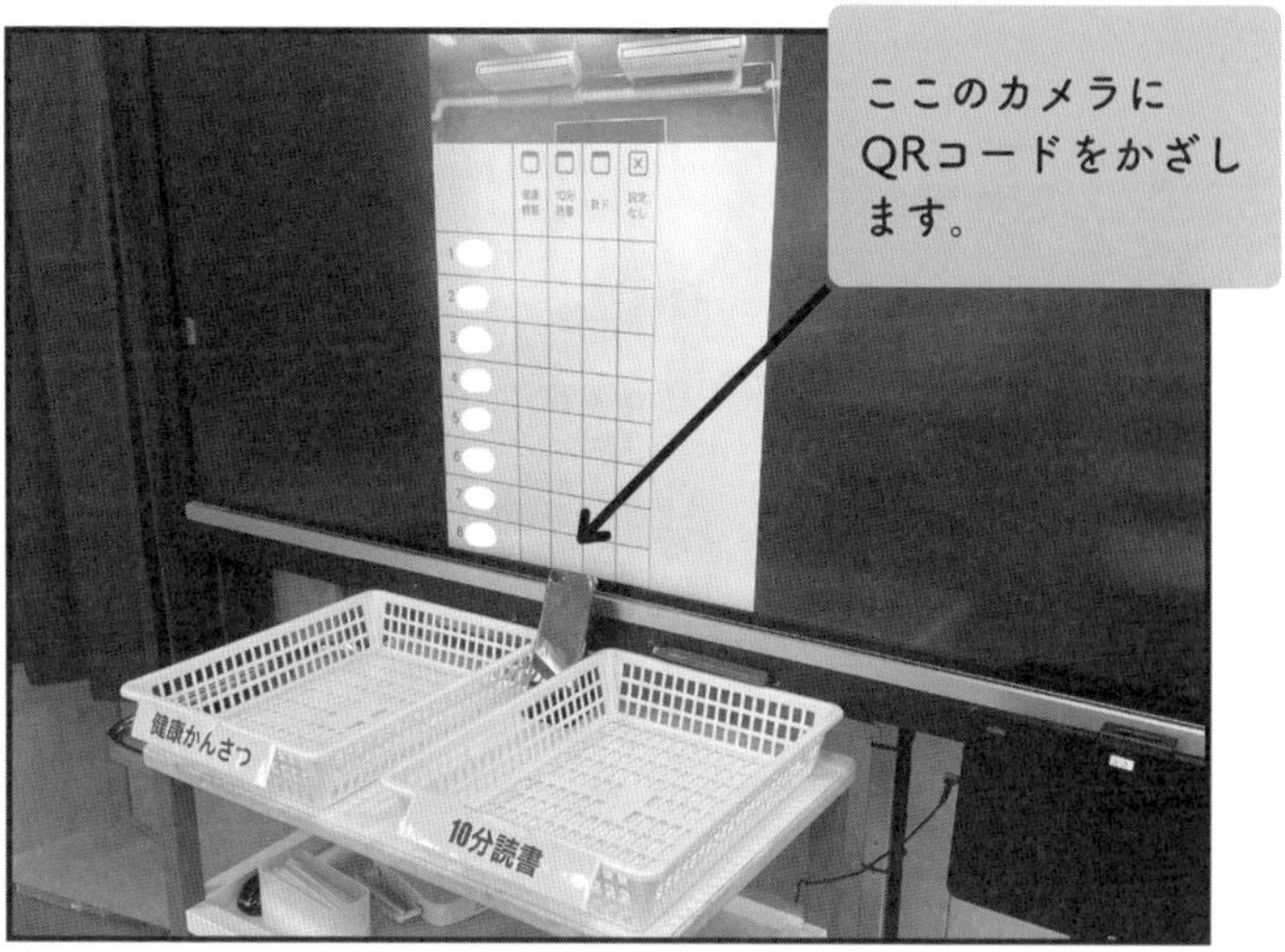
ここのカメラにQRコードをかざします。
健康かんさつ
10分読書

【カラーシールの活用】

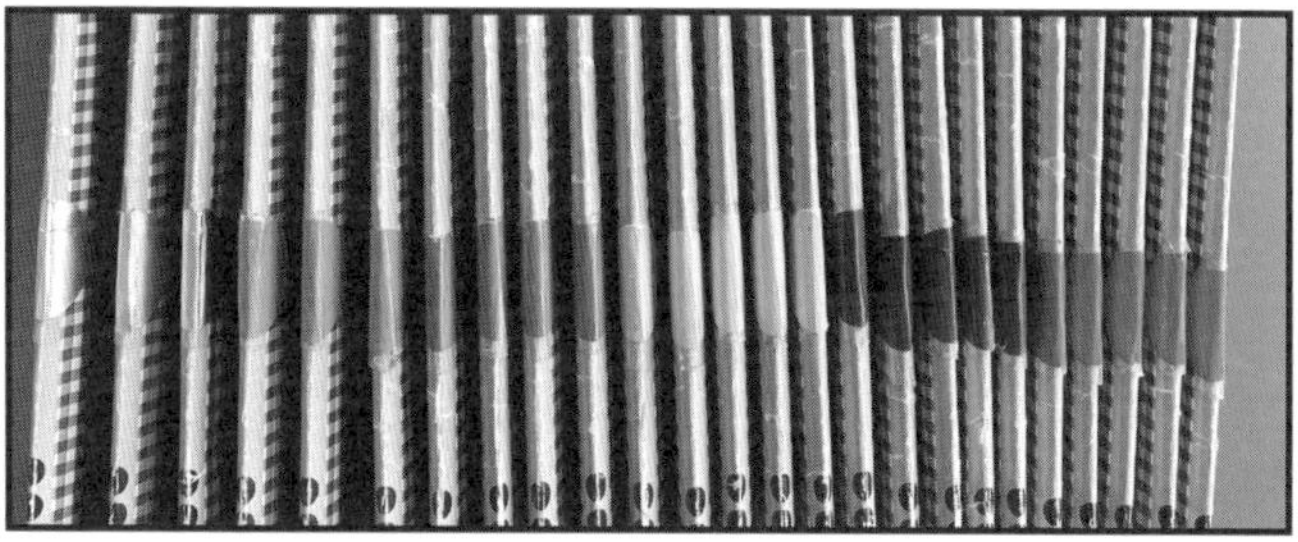

カラーシールは、上からセロテープを貼ってラミネートのようにしておくと、最後まではがれずに使うことができます。

14 教室環境への固定観念

子どもたちが自由に過ごせるスペースの確保

教室環境の二つの側面

一般的な教室環境のイメージについて聞かれると、机が前を向いて整列していて、黒板や電子黒板があって、壁には学級目標が掲示されていて、というように、誰に聞いてもそれほど大差ない答えが返ってくると思います。しかし、教室環境というのは学級づくりにおいて非常に重要な部分であり、固定観念にとらわれずに、授業と同じように工夫・改善を繰り返していくべきだと考えています。

その工夫すべき点を考える際に、教室環境の二つの側面を理解しておく必要があります。それが、学習環境としての教室環境と、生活環境としての教室環境です。

まず、学習環境としての教室環境の工夫についてですが、これは別の項でも述べたように、黒板の周りの不必要な掲示物を取り除いたり、カーテンで棚の中を見えないようにしたりして、子どもたちが学習に集中しやすいように工夫することなどを指します。これら以外にも教科書をどこに収納するか、宿題などの提出物をどのようにして回収するかなど、各学級単位で工夫されていることがあると思います。

生活環境としての教室環境

また、生活環境としての教室環境とは、子どもたちが日々生活する場所として、安心して過ごすことができるかどうかということです。教室とは、子どもたちが日中の大半の時間を過ごす場所です。学習をするだけでなく、給食を食べたり、友達とコミュニケーションをとったり、日常生活を送る場所としても適切に機能させる必要があります。

基本的なところで言えば、物が壊れていたり、ゴミが散乱していたりするような教室では、子どもたちは安心して過ごすことはできません。子どもたちの下校後に掃除をしたり、日々の清掃指導を丁寧に行ったりすることは教室環境を整える第一歩です。

子どもたちが自由に過ごせるスペース

生活環境としての教室環境を充実させるために、掃除や整理整頓など基本的なことに加えて、教室に子どもたちが自由に過ごせるスペースを確保しています。

具体的には、岩瀬直樹先生の著書『クラスづくりの極意』を参考にして、教室に畳を敷いたスペースを作成しました。そこから周りに本やボードゲームを置いたり、ベンチを置いたり、真ん中に机を置いたりと工夫・改善を繰り返していき、今の形になっています（次ページの写真を参照）。

この畳スペースでは、休み時間に寝転がって本を読む子がいたり、机の上にボードゲームを広げて男女入り混じって一緒に遊ぶ子どもたちがいたり、みんなが思い思いの過ごし方をしています。

ちなみに、本やボードゲームは、メルカリやリサイクルショップで安い物を探して購入しています。また、畳やベンチ、机は学校の倉庫に使っていない物が眠っていたので、それらを再利用させてもらっています。

【畳スペース】

約80cm四方の畳を6枚、教室前方の窓側に設置しています。

本棚に置いている本は私物です。学校から配られる学級文庫用の本は、廊下に別の本棚を設置し、そこに置いて混ざらないようにしています。

15

「悪くない」選択肢

優先順位をつけて「良い」選択肢のみに絞る

優先順位をつける

学級経営を考える上で、子どものためにやった方がいいことはたくさんあります。教師なので、子ども視点で考えるのは当然なことなのですが、この「子どものため」だけを理由に物事を進めることはできないと考えています。

なぜなら、当たり前のことですが、教師である前に人間です。一日が24時間であることを変えることはできないし、基本的な勤務時間も決まっています。そのため、「周りの先生もやっているし、子どものためにもなる」「自分もやった方がいいかな…」と考えるのではなく、優先順位をつけて物事を進めていく必要があります。

そして、優先順位をつける際に基準とすべき視点が「時間」と「自分」の二つです。

「時間」については、そこまで明確に分けられるものではありませんが、同じ教育効果で1時間でできるものと2時間でできるものがあれば、１時間でできるものを選ぶべきでしょう。教育現場で時間対効果を考えるという話をすると、どこかドライな印象をもたれてしまうかもしれませんが、長期的な視点で子どもたちのことを考えるならば、時間対効果についても頭に入れておく必要があります。

また、「自分」という基準をもっておくことが最も重要です。これは自分自身が本当にやりたいことかどうかを考えるということです。エッセンシャル思考という考え方に「90点ルール」というものが存在します。やるか迷った時には、それを１００点満点で評価して、90点以下はすべて切り捨てるという考え方です。少し極端に感じるかもしれませんが、「やるべきこと」「やった方いいこと」に溢れている学校現場では、これぐらいの判断基準をもっておかないと、本当に必要なことが埋もれて見えなくなってしまいます。

休み時間に必ず外で一緒に遊ぶことができる先生もいれば、教室で楽器を弾くことができる先生もいます。文章を書くのが得意だったり、絵を描くのが得意だったり、同じことでも、それを90点以上と捉えるかどうかは人によって違います。「周りの先生がやっているし、子どものためにもなる」と思っても、65点の気持ちで渋々続けていては、95点の気持ちで取り組んでいる先生と同じ効果を得ることは難しいでしょう。であれば、思い切ってそこに割いている時間を別の得意なことにあてる方が、教師にとっても子どもにとっても良い結果につながっていきます。

優先順位を考えて削ったこと

ここからは、私自身が優先順位をつけて削ったことを紹介していきます。どれも子どもたちのためにはやった方がいいことだと思いますが、自分が使える時間と90点以上だと思えるかどうかを踏まえて判断しました。

◆学級通信

初任の頃、同じ学年の先生の真似をして、学級通信を出すようになりました。しかし、記事の内容を考えたり、載せる写真を撮影したり、「○○さんについては以前書いたから被らないように」と考えたり、当時の自分にとっては大きなストレスとなっていました。

◆休み時間に一緒に遊ぶ

4月は子どもとの関係構築を最優先して、外で遊ぶこともありますが、徐々に遊ぶ頻度を減らしていきます。休み時間にも学習面でフォローする子どもがいたり、授業の準備をしたりと、やりたいことがたくさんあります。このように、時期によって優先順位が変化するケースもあります。

◆ノートのコメント

ノートにコメントを書くと子どもは喜びます。しかし、ノートを上手に書くことは学習の目的ではありません。教師に評価してほしいからノートをがんばって書くのは違うと考え、本当に必要な時のみコメントを書くようにしています。

これらは一例ですが、こうして削ったことによって生まれた時間を、「自分」という基準に照らして活用していきます。私の場合は授業がそれに該当します。物事を目的からじっくりと考えてしまうタイプなので、教材研究に人より時間を要します。しかし、それが90点以上のやりたいことでもあるので、苦痛だと感じることはありません。

16 子どもの自由時間を奪う活動

子どもの自由を確保する

子どもの自由時間の重要性

学校の教育活動という名目で、子どもたちの自由時間を蔑ろにしていると感じたことはありませんか。学校で子どもたちが自由に過ごせる時間は限られています。授業間の5分休みや20分~30分程度の長めの休み時間、給食後の昼休みぐらいです。それ以外は1~6時間目まで授業が詰まっています。そのような中、その短い自由時間をさらに奪ってしまうことは避けるべきだと考えています。

なぜなら、多くの子どもたちは友達との関わりを楽しみに登校しており、自由に友達と関わることができるのは休み時間だけです。学級の中には一人で過ごすことが好きな子もいますが、その子ものんびり本を読んだり絵を描いたり、休み時間は思い思いのことをして過ごしています。その時間を大人の都合で奪ってしまうことは、子どもたちの学校での楽しみを奪っていることと同じであり、教師への不信感にもつながってきます。

▼自由時間を奪っている教育活動とその対策

では私自身が実際に経験した、子どもたちの自由時間を奪っている可能性のある教育活動とその対応策を紹介していきます。

◆授業

まず危惧すべきは授業です。別の項目でも紹介していますが、授業を延長することにメリットはありません。ですが、「この内容までは進んでおきたい」「話が中途半端になってしまう」という理由で授業が延長されることがよくあります。基本的には、一旦区切りをつけて次の授業時間に回すべきですが、どうしても延長が必要な場合は、次の授業時間を削るなどして、必ず休み時間を確保する対応が必要です。

◆みんな遊び

初任の頃に「みんな遊び」という活動を取り入れていました。一週間のうち、○曜日と○曜日はクラスのみんなで同じ遊びをするというものです。遊び係になった子どもがくじをつくったりして遊びを決めてくれます。まだ4年生ということもあり、教師目線ではみんなで楽しく遊べているように感じていました。

しかし、30人子どもがいて、みんなが同じように鬼ごっこをして遊びたいなんてことはあり得ないでしょう。走るのが苦手で鬼ごっこが苦痛な子どもがいるかもしれないし、今朝読んだ本の続きが気になっている子どももいるかもしれません。

教師が全員の気持ちを把握することは不可能です。重要なのは全体の雰囲気ではなく、「こう思っている子どももいるかもしれない」という少数派の気持ちを想定することです。30人のうち27人が楽しいと思える学級よりも、30人全員が不安要素なく安心して過ごせる学級を目指すべきです。

◆縦割り班活動

地域によるかもしれませんが、1年生~6年生が混合の班をつくって活動する縦割り班活動というものが存在します。この活動自体は高学年がリーダーとして活躍する場となったり、低学年にとっても上級生の姿から学べることがあったり、普段から学年で括られている子どもたちにとっては意義のあるものだと思います。
しかし、全校遠足の打合せをしたり、大縄大会の練習をしたり、この縦割り班での活動がなぜか休み時間に設定されていることが多くあります。

◆学校のルール

学校によっては「休み時間は必ず外で遊びましょう」という決まりが存在しているところがあります。子どもたちの運動不足を解消するという目的があるかもしれませんが、それは授業の中で工夫していくべきところです。

後半に紹介した縦割り班活動や学校のルールは、学級ではなく学校全体で決まっていることなので自分一人の判断で変えることは難しい部分もあるかもしれません。しかし、年度末の職員会議など各行事や取り組みについて議論できる場は必ず設定されています。そのような場で議題に挙げ、必要かどうかという根本から検討し直していくことが重要です。

17

子どもへの指示

指示をしない仕組みをつくる

指示の数を減らす重要性

年度はじめと年度終わり、学級の中で教師が出す指示の数は変化しているでしょうか。担当する学年によって軽重をつける部分はありますが、基本的に指示の数は徐々に減らしていくことが望ましいと考えています。なぜなら、教師の指示の数が多いというのは、子どもたちが自立していないということです。

「今から帰りの会を始めます」

「チャイムが鳴ったので座りましょう」

など、教師が逐一指示をしている状況では、子どもたちは考える必要がありません。このように子どもたちが自立できないということは、常に教師が前に立って動く必要があり、教師自身の負担が増えることにもつながります。逆に考えると、教師が指示する機会を削っていくことができれば、子どもたちが自立に近付き、教師の物理的な稼働時間が減るという双方にとって有益な結果をもたらすことができます。

指示が必要ない学級をつくるために

指示の数を減らそうと考えて一番やってはいけないことが、「とにかく考えて動け」と子どもたちに丸投げすることです。「とにかくがんばれ」という精神論では、子どもたちは絶対に動けません。逆に、思うように動くことができず、追加の指示が必要になるだけでしょう。それを放置すれば、学級が荒れていくことにもつながります。

では、指示が必要ない学級をつくっていくためには、何が重要なのか。それは、

指示が必要ない仕組みづくり

です。人間は仕組みで動きます。これは大人も子どもも同じです。教師とて、校務分掌が決まっていない中、学校の仕事を自分たちで考えながら回していくのは不可能でしょう。校務分掌というのは、学校を回すための重要な「仕組み」なのです。もっと基本的なところで言うと、始業時間や退勤時間が決まっていること、校長など上司の職務上の命令に従わなければいけないこと、なども学校という組織を回していくための「仕組み」です。

指示が必要ない仕組みづくり

それでは、「指示を減らす」のではなく、「指示が必要ない仕組みをつくる」という流れで考えていきます。

◆時間意識の徹底

まず、最も基本的なところは時間意識です。学校はチャイムが鳴るので、チャイムが鳴り終わるまでには座って一人ひとりが授業を開始できる状態をつくっておく、チャイムが鳴ったら全体で「ごちそうさま」の挨拶をする、などチャイムでどのように行動をとれば良いかということは４月段階から徹底して指導をします。できていない時は、再度指導をして、次の時間にできていたかどうか確認を行います。

◆係活動で仕組み化

他の項目で説明しましたが、私のクラスでは日直は存在せず、学級を回すために必要な仕事はすべて係活動に集約をしています。理由は様々ありますが、毎日変わる日直では、仕事に慣れてきて、中・長期的に責任をもって仕事に取り組むことが難しくなるからです。

具体的な例をいくつか紹介します。まず、チャイムが鳴って全員が座ったら、教師がいてもいなくても挨拶係の子どもが挨拶をしてくれます。また、教師がいない時には、各自で自習を始めます。朝の会は、時間になったら係の子が全体に声をかけて開始してくれます。体育で外に並んだり授業開始後に体操をしたりする時も係の子どもが進めてくれるので教師が指示することはありません。

最初は仕組みをつくり、機能させるための指導が増えますが、長期的に見ると、子どもが自立して教師の指示が必要なくなるというメリットしかありません。

Column

逆に時間をかけてでも行っていること②

ここでは、これまで私が膨大な時間を費やしてきたことを紹介します。

それは、「学ぶこと」です。

「子どもが好き」という気持ちから教師という仕事を選ぶ人は多いと思いますが、実際に働き始めると、その気持ちだけで勝負することは難しく、教師として自分自身に何ができるかということを考える必要があります。授業であろうと学級づくりであろうと特別支援であろうと、素人が手探りで行えることには限りがあります。そして、その素人を脱するには、「学ぶ」しかありません。

私自身は、職場の先輩に強引に誘われたことをきっかけに、二年目頃から研修会に参加したり教育書を購入したり、インプットにお金や時間を割くようになりました。それまでは、正直働くことで手一杯で、とても休日などの自分の時間にも仕事のことを考える余裕はありませんでした。しかし、研修や書籍を通して知識が増えていくことで、できることが増え、仕事にも余裕が生まれてくることにも気づきました。矛盾しているように感じるかもしれませんが、余裕のない状況を脱するためには、どこか時間を見つけて、自分自身で学ぶ時間をつくっていくしかないと考えています。

このコラムでは、これまで私が行ってきた学び方について具体的に紹介していきます。

◆読書

紹介する必要もないかもしれませんが、読書は最も費用対効果の高い学びです。これまで数百冊の本を購入してきましたが、今後も読書をやめるということはないでしょう。ここ最近は、教育書も電子書籍で読めることが増えてきたので、電子で買うことも多くなってきました。スマホやタブレットからいつでも読むことができるので、カフェで気軽に読書をすることができます。

◆研究会や学会への参加

研究会や学会に参加して、自分が課題意識をもっていることについて既に実践されている先生方の話を聞くことも有効な学びの一つです。また、実践だけでなく、大学教授などの理論的な話を聞くことによって見えてくることもたくさんあります。

◆SNSの活用

ここ数年でSNS発信に力を入れている先生が増えてきました。私自身もInstagramやVoicy、noteを活用して実践や考えを発信しています。一つのテーマについて深く学びたい場合は書籍の方が向いていますが、空き時間を活用して毎日継続して学んでいきたいという方は、SNSも有効な手段です。私自身もVoicyを聞きながら通勤しています。

◆アウトプットする

紙幅の都合上、詳しくお話しすることができませんが、アウトプットも重要な学びです。そして、ここでのアウトプットとは、研修で学んだことを授業で取り入れてみるというイメージではなく、その授業実践を記録としてまとめたりすることを指します。

具体的には、実践論文を書いたり、研究会で発表したりすることです。誰かに伝えようとする過程の中で、理論と実践が紐づいていったり、自分自身の学びを深めていったりすることができます。

第3章

目的思考で削る授業づくり13のポイント

目的を考えて精査する

挨拶の必要性

一般的な学級では、授業の始めや終わりに「今から○○時間目の学習を始めます」「これで○○時間目の学習を終わります」という形の挨拶を行うことが多いと思います。どの学校の研究授業を参観に行っても、だいたい行われています。

この挨拶を行う目的はなんでしょうか。人によって考えが異なる部分もあるかと思いますが、私は「休み時間と授業時間の切り替え」を目的として行っています。

この目的に基づいて挨拶の仕方を考えています。

まず授業開始の挨拶については、気持ちが切り替わればいいので、わざわざ起立はしません。姿勢を正して、挨拶をするだけです。これがあるだけで、クラス全体の空気が学習モードに切り替わる感じがします。

授業終わりの挨拶については、「行わない」と最初から子どもたちに伝えています。挨拶なんてなくても、子どもたちは休み時間モードに切り替えることができるからです。

礼儀を重んじるという理由から、終わりにも挨拶をすべきだという考え方もあるかもしれません。確かに礼儀を重んじるのは大切なことです。しかし、そのためだけに毎日６時間分も挨拶を繰り返すよりも、日々の言葉遣いや友達との接し方など、本当に必要な部分で指導をしていく方が有意義だと考えています。

また、授業始めの挨拶に関しても、担任から見て「挨拶がなくても切り替えられる」と判断できる場合には、なくしても問題ありません。ただし、「切り替えのできていない状態」が続いてしまうと、学級の荒れにつながる可能性もあるので、注意が必要です。

▼授業規律の必要性

初任の頃は、兎にも角にも「授業規律を大事にしないと！」という考え方から、いくつものルールをつくっていました。具体的には次の3つです。
・指名されたら「はい」と返事をしてから発言をする。
・起立してから発言をする。
・「〜です」「〜ます」という丁寧な言葉で話をする。
これを言葉で伝えるだけでなく、黒板の上に大きな文字で、「はい」「です」とだけ書いた掲示物を貼っていたのを覚えています。

授業規律をつくる本来の目的とは、子どもたちが安心して学習に臨める環境をつくることです。みんなが好き勝手なことをして、教師の指示が全く通らない環境では、安心して学習することはできません。

そのため、ある程度の規律は必要なのですが、徹底しすぎるとかえって逆効果になることは容易に想像できると思います。

仮にこれらの規律を徹底しようとすると、発言しようとする子どもに対して、

「はいと返事をしてから発言しましょう」

「起立してから発言しましょう」

など、学習内容と関係のないことで注意をする場面が多くなり、子どもがしんどくなって

しまうのはもちろん、教師自身も心の余裕がなくなってきてしまいます。

授業規律の見直し

このように目的と照らし合わせながら、必要のない規律は随時見直しをしていきます。その結果、現在の学級では、教師が話していることに対して、子どもたちは「ええ〜！」「○○ってこと？」など、自由につぶやきを発しています。「話したい！」を我慢できなくて勝手にペアでの話し合いが始まっていることもあります。

問題とじっくり向き合う時間には、自由に座席を立ち歩いて子どもたち同士で教え合うこともあります。

では、何の規律もないのかと言えばそうではありません。子どもたちには「切り替え」を大切にするように伝えています。「休み時間→授業時間」「ペアで話す→教師の話を聞く」など、切り替えに時間がかかると、他の人の学習時間を奪ってしまうことになります。ただ、ルールとして押し付けるのではなく、子どもたちが納得できるように、理由も踏まえて話をしていくということが重要です。

漢字ドリルを活用したセルフチェック

漢字小テストの目的

数年前まで私は、漢字小テストを定期的に実施していました。そのために、一学期あたり十数枚のテストプリントが冊子になっているものも購入していました。そして、それらの点数を記録し、成績に反映するという形をとっていました。私の中で、「テストの名前がつくので、点数を控えて成績に反映させた方がいい」と考えていたのです。

しかし、現在は漢字小テストをやめて、漢字ドリルを活用したセルフチェックを実施しています。セルフチェックの点数を記録したり、成績に反映したりすることもありません。

そもそもの漢字学習の進め方は、第2章でも紹介している通り、土居正博先生の『クラス全員が熱心に取り組む！漢字指導法』を参考にしながら進めています。それに伴って、漢字小テストの購入についても、目的から改めて考え直すことができました。

まず、私の中での漢字小テストを実施する目的は、「覚えていない漢字を洗い出す」ということです。普段は漢字ドリルで学習を進めて、提出時には空書きによるチェックも行っていますが、それだけでは覚えきれない漢字があります。その覚えきれていない漢字を把握し、その練習に注力するために行うのです。そういった目的に沿って考えていくと、覚えていないことを前提としているにも関わらず、テストとして実施し、成績に反映するというのは、どう考えてもおかしいということに気づくことができます。

そこから少しずつ形を変えていき、現在はドリルの「表が漢字、裏が読み」になっているページを活用したセルフチェックをほぼ毎日行うという形をとっています（具体的な流れは161ページの図を参照）。

▼セルフチェックのメリット

小テストではなく、セルフチェックを実施するメリットとして、教師が行わなければいけない採点や記録などの時間を大幅に削減できることが挙げられます。

しかし、セルフチェックの最大のメリットは、教師視点ではなく子どもの視点であり、「フィードバックが早い」「学習の仕方が身につく」という二つの点です。

セルフチェックにすることにより、子どもたちは丸付けも自分で行います。そのため間違えた漢字に即座に気づいて、直しに取り掛かることができます。教師が採点や記録をする場合であれば、どれだけ早くても翌日までは待ってもらう必要があり、子どもたちへのフィードバックに時間がかかっていました。フィードバックに時間がかかることで、間違った問題と向き合う意欲がどんどん下がってしまいます。

また、学習の仕方が身につくという点については、自分自身でテストをして、間違いを発見して、そこを中心に練習に取り組むという基本的な学習のサイクルを経験することができるということです。自分で学習を進める時は、このサイクルで行っていくことが多く、漢字だけでなく他教科での学習にも生かすことができます。

漢字ドリルの「表が漢字、裏が読み」のページを活用します。
答え・間違い直しは漢字ノートに記入します。

①読みの部分10問の太字部分を漢字で書きます。

②表の漢字ページを見ながら自分で丸付けをします。

③間違えた熟語を4回程度練習します。
※読み仮名も書き、熟語をセットで練習します。

④5分～7分ほど時間を取り時間内に終わらなかった分は宿題です。

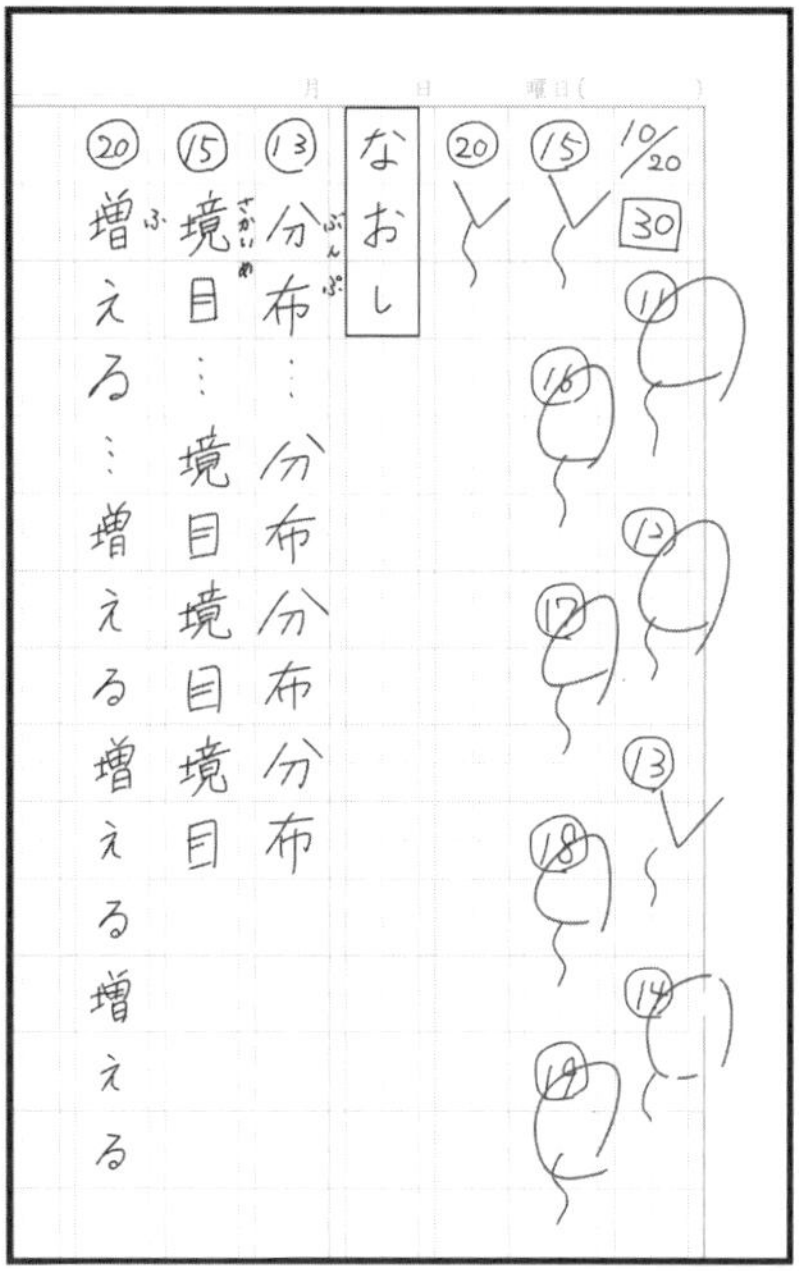

Q. 自分で丸付けする時にカンニングする子はいない？

A. カンニングする子もいるでしょう。しかし、それを防ぐために全部を教師が丸付けするよりも、セルフチェックの意味をしっかりと伝えて、「カンニングするよりも今のうちに間違えて練習しておく方が良い」と思えるように指導していきます。

挙手指名以外での考えの共有

挙手指名による考えの共有

多くの授業の中で、「〇〇についてわかる人？」「△△についてどう思いますか？」と子どもに挙手を促す場面が設定されていると思います。そして、教師に指名された子どもが考えを発表するという流れで、授業中の考えの共有が行われます。

この挙手指名方式という手段を用いる目的が、「全体の場で意見を発表する練習」のような形であれば理解できるでしょう。しかし、学級全体で考えを共有・交流するような場合には、注意が必要だと考えています。

なぜなら、学級全体で30人いたとして、その内の29人は受け身な時間になってしまうからです。教師が出してほしい考えをもてている子どもを意図的に指名して、授業中の考えが深まっていったとして、他の子どもが「お客さん」のような状態になっていないかを、教師として意識しておく必要があります。

それでは、挙手指名方式以外でどのように考えを共有していくのか、いくつか具体例を紹介していきます。

▼挙手指名以外の考えの共有

◆ペアやグループの活用

「△△についてどう思いますか?」という同じ発問であったとしても、その後に「ペアで一度話してみましょう」とひと言入れるだけで、多くの子どもたちが話をすることができます。実は考えはもっているけど、全体の前で手を挙げるのは恥ずかしいと思っている子どもも、自分の考えを伝えることができます。班などのグループの活用も基本的な考え方はペアと同じですが、人数が増えることによって、単に交流するだけでなく、より深く考えを練り上げていくことができます。

◆動きを付けることで話し合いを促す

ペアやグループでは、どうしても近くの子どもと考えを共有するという形になってしまいます。ノートに発問に対しての自分の考えを書いているような場合には、「クラスの中で『いいな』と思う考えを一人見つけてきて」と伝えると、子どもたちが教室をグルグルと立ち歩き、各所で自然に話し合いが生まれていきます。

その他にも、「○○についてわかった人は立ちましょう」と少し動きを付けるだけでも、子どもたちの参加を促し、早く立った子が困っている子に教えてくれるなど、自然と話し合いにつながっていきます。また、周りの子が立ち始めると「自分も立たないと」という気持ちが生まれ、自分から調べたり誰かに相談したりするという姿にもつながっていきます。

▼自立した学習が本物の考えの共有を生む

今紹介したような、ペアでの話し合いを指示したり、動きを付けたりするなど、その場の手立てによって考えの共有を活性化できるというのは、教師として重要なスキルです。自分の中の引き出しをたくさん持っておいて損はないでしょう。しかし、子ども同士がより自然に、自分の課題意識に基づいて考えを共有し、他者の考えを受け取ることによって自分の考えを深めていける場を授業の中でつくっていきたいとも考えています。

そして、そのためには子どもが自立して学習を進められる仕組みづくりが最も重要になってきます。具体的な学習方法は、本章の後半で紹介していますが、私が行う算数の授業は、子どもたちが自分のペースで教科書を進めていくことを基本としています。単元のゴールやテストを受ける時間は同じですが、そこに行き着く過程はバラバラです。

その中で、「いつでも話し合っていい」「いつでも立ち歩いていい」という共通理解ができていることで、必要な時に必要な子どもたちが「勝手に」考えを共有しています。得意な子が苦手な子に教えてくれていることもありますが、それだけでなく、できる子同士で「ここってこれで合ってる？」と相談しあったり、相談しやすい友達に聞きにいったり、様々な話し合いの様子が見られます。

また、学習という面での利点だけでなく、教師を介さずに子ども同士がつながれるようになることは、教師側の余裕にもつながってきます。そして教師側に余裕が生まれると、子どもたち一人ひとりの学習の状況を見取り、学習が苦手な子に対して個別にサポートをするなど、結局は子どもにも返っていきます。

4 授業準備にかかる時間

タブレット一つで授業準備

授業準備に取り組むまでの時間を削る

教師の仕事の中で、多くの時間を費やすものが授業準備です。例えば、国語の物語文の授業を行うためには、まずは自分で教科書教材を読み、その教材の分析をして、どのような内容をどのような方法で、何時間程度かけて教えていくのかを考え、スライドやワークシートなど必要な物を準備していきます。

指導書や教育書、インターネット上の情報などを参考にしながら進めていくこともできるため、全くのゼロからすべてを行うわけではありませんが、これらの作業を各教科、各単元で行うのは大変です。しかし、この授業準備にかける時間そのものを削ってしまうと、授業の質に関わってくるため、簡単に「ネットで見つけた指導案をそのまま使えば時間をかけずに授業ができる」なんて言うことはできません。

そのため、私は「授業準備に取り組みやすくなる仕組み」を事前に整えておくことで、長期的に見て授業準備に掛かる時間や心理的負担を削っています。具体的には、授業準備を行う際に必要な物をタブレットに集約しておき、いつでもすぐに授業準備がスタートできる環境をつくっておくということです。

初任の頃は、子どものノート案や板書計画は手書き、ワークシートやスライドの作成は校務用パソコンという形で作業を行っていましたが、この場合、一つひとつの作業ごとにツールの切り替えが必要であったり、作業する場所が限定されてしまったりすることにより、無駄な準備時間や移動時間が発生していました。

しかし、タブレットに集約し、準備時間や移動時間が必要なくなることで、会議が始まるまでの待ち時間や授業の空き時間など、ちょっとした隙間時間に授業準備を進めることができるようになりました。また、家やカフェなど職場の外であったとしても、気が向いた時に授業準備を始めることができます。

▼タブレットを使った授業準備

では、タブレットを活用した授業準備についての具体例をお伝えしていきます。

◆ノート案や板書計画の作成

板書計画を作成する場合は、事前に黒板の写真を撮影し、それをGoodnootesに取り込み、白いペンで書き込んでいきます。ノート計画も学年に合わせたマス目のノートを写真やデータでGoodnotesに取り込んでおくだけです。

◆ワークシートやスライドの作成

授業で活用するワークシートやスライドは、Keynoteに教科書の画像を貼り付けたりしながら作成しています。iPadであればもとからKeynoteが入っているので特に準備は必要ありません。iPadでなくてもタブレットに入っているプレゼンテーションソフトを使えば同じように作成することができます。

【Goodnotesで作成した板書計画】

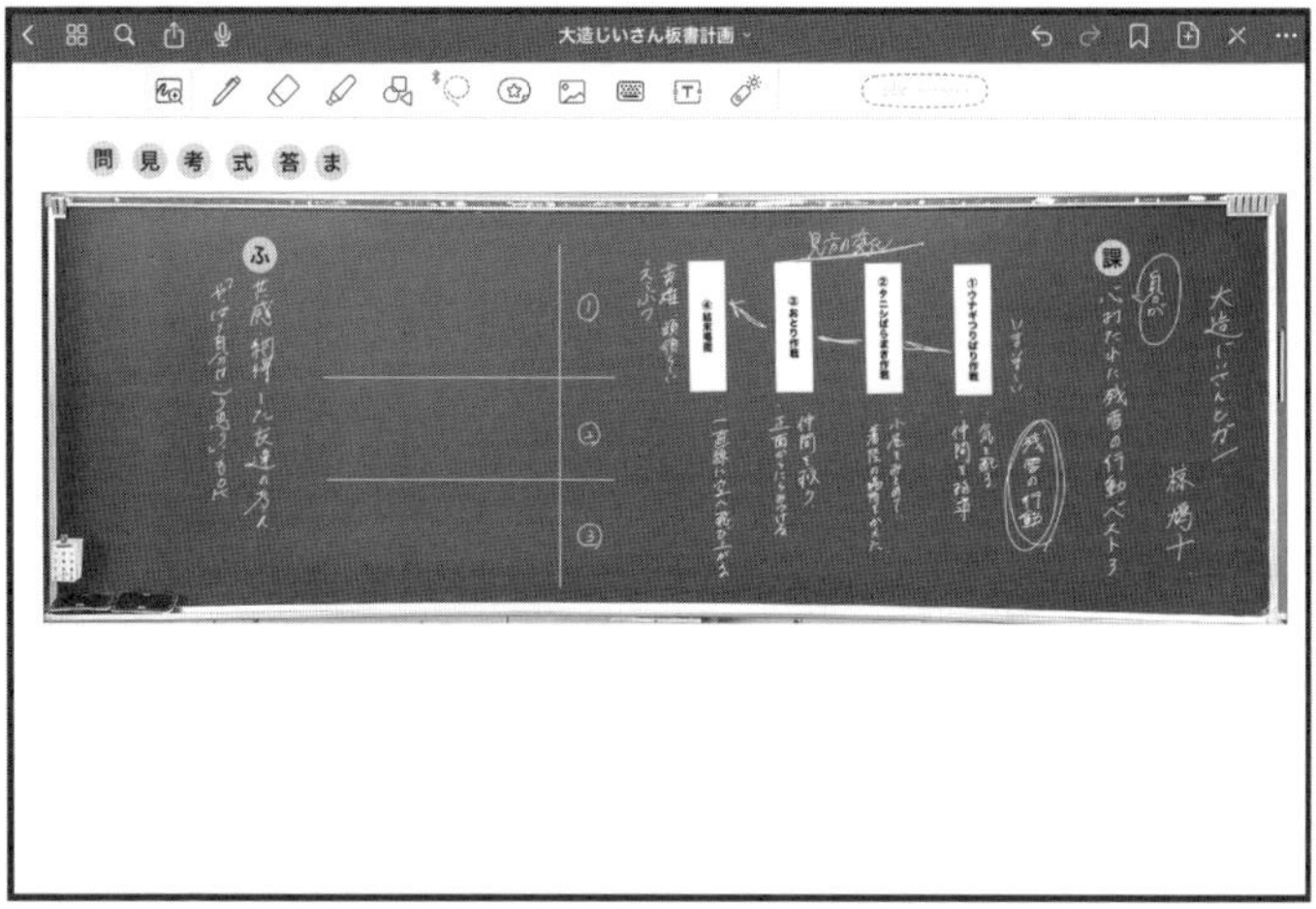

【Keynoteで作成したワークシート】

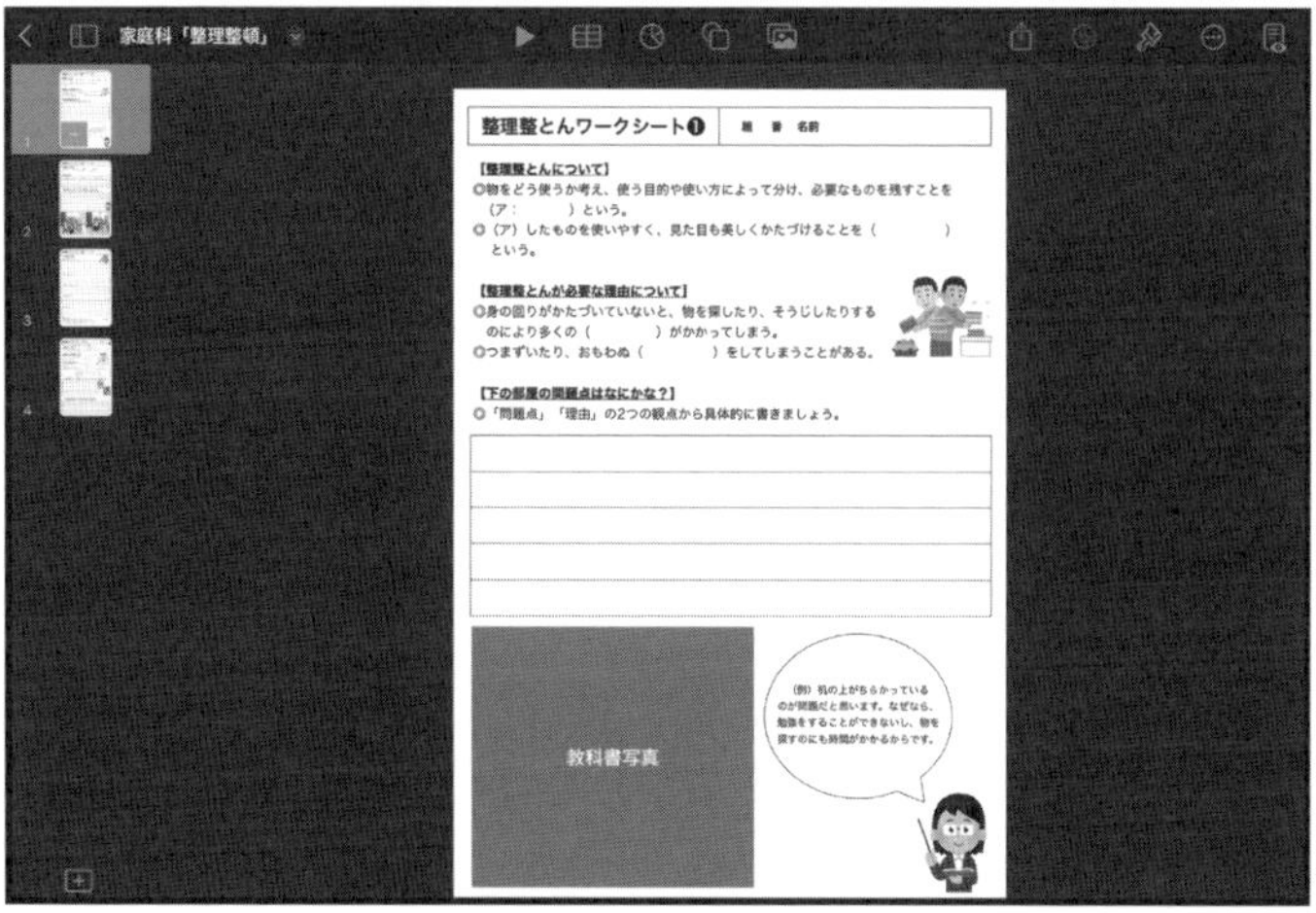

5 教師から課題を与える

自習時間の充実

空いた時間に課題を与える意味

担任が出張や欠席でクラスを空ける時間や、何かしらの予定変更で時間ができてしまった時など、プリントを印刷して復習として取り組んだりすることがあると思います。

しかし、突如復習として教師から与えられた課題に対して、前向きに取り組むことができる子は少数派です。大抵の子どもは「やらされ感」を感じて渋々取り組み、復習としての効果がどれほどあるのかもわかりません。ただ、なんの課題も与えずにいると手持ち無沙汰になった子どもたちが遊び始めてしまうかもしれない。担任がクラスを空ける時には、課題を用意した上で補助で入ってもらう先生にお願いしなければいけない。というような大人の事情もあります。

自習時間の充実

そこで、子どもたちが「やらされ感」なく自分に合った学習を進められるように、課題を与えることをやめて、自習の時間を充実させることにしました。

自習の時間はなんでもありではなく、次のメニューの中から選択するというルールにしています。また、その時の学習に応じて、社会の発表資料作成の続きをメニューに入れたり、臨機応変に対応します。

・読書　・宿題　・タイピング練習　・Webドリル（主に算数）
・漢字ドリル　・プログラミングやお絵描きアプリ（図工の時間のみ）

自習の時間を充実させる二つのポイント

◆自習の重要性を語る

自習を始めたばかりの時はお喋りをしてしまう子が必ずいます。そこで「やっぱり課題を与える方がいい」と思ってやめてしまうのではなく、「この時間をどう過ごすかによって、得意をさらに伸ばせたり、苦手を克服できたりする」と、自分の得意や苦手を認識して、それに合わせて学習をする価値について何度も話をしていきます。

◆自習と相性の良い学習システム

学習のシステム自体を「教師から与えられたものをこなす」形から「子どもたちが自分のペースで進められる」形に変えていくことによって、自習の時間が充実したものになってきます。例えば、第2章でも紹介しているように、漢字や計算ドリルは締切までに自分で進めていく形なので、自習の時間に進める子どももいます。他の宿題も必ず家でやる必要はないと言っているので、自習の時間に相談しながら進める子どももいます。

予定変更で20分時間ができる。

教師から課題を与える。

やらされ感が生まれる。

自習の時間にする。

自分の得意や苦手に
合わせて学習を進める。

【自習メニュー】

・読書　・宿題　・Webドリル（主に算数）
・タイピング練習　・漢字ドリル
・プログラミングやお絵描きアプリ（図工の時間のみ）

6 ▼授業を学習内容ベースで考える

▼授業時間が超過した時の対応

授業が必ず45分かかるということはありません。学習内容によっては、10分超過するかもしれないし、10分時間が余るかもしれません。

ここでの本題ではありませんが、最もやってはいけないのは、チャイムが鳴り終わってからも教師の都合で授業を続けることです。学習内容が終わっていなくて、超過する必要がある場合にとるべき選択としては、「一旦休み時間にして、次の授業時間を少し削って行う」か「超過した分の時間も必ず休み時間を確保する」のどちらかです。何分か超過して行ったところで、子どもたちは早く休みたくて話が耳に入っていない可能性も高いので、よほどの理由がなければ前者を選択する方がよいでしょう。

子どもたちにとっての休み時間は大人が思う以上に重要です。また基本的には5分という短い時間しかないので、少し余裕をもって終わるぐらいを意識するようにしています。

▼授業を学習内容ベースで考える

ここでの本題は、授業時間が余った時です。そもそも授業は「45分間何をしよう」という時間ベースではなく、「今日はここまで学習しよう」という学習内容ベースで考えられるはずです。であれば、45分間でちょうど授業を終えるということの方が難しいかもしれません。

しかし、以前までの私は、授業時間を余らせるのは良くないことだと考えていました。そこまで考えて授業を組み立てられるのが一人前だと考え、練習問題を追加で行って時間を調整したりしていましたが、正直なところ（そう伝えているわけではないものの）時間調整のために出された問題に学習としての効果はあまり期待できないでしょう。

▼授業時間が余った時の対応

まず、「授業時間を余らせるのは良くない」という考え方は今はもっておらず、追加の問題を与えて時間を調整したりすることもありません。授業時間が余って、何もすることがなくなった子どもたちが好き勝手なことをし始めるのは良くないことですが、それは学級経営の問題であり、授業時間とは別の話だと捉えています。では授業時間が余った時には具体的に何をするのかというと、主に次の3つのうちのどれかを行っています。

◆手紙などのプリント類の配付

手紙などのプリント類を配付したり、テストの返却に時間をあてたりします。過去に若手の先生から「手紙の配付中に子どもが静かにならずに困っています」という相談を受けたことがありますが、私のクラスも配付中は喋っている子どもがたくさんいます。むしろ喋ってはいけない理由が見つからないので、子どもたちに「静かにしなさい」というような注意をすることもありません。

◆自習

自習についての考え方は前節でも伝えた通りです。5分以上のまとまった時間がとれる時には、子どもたちに「自習にしましょう」と伝えることも多いです。漢字ドリルを見せに来る子どもや、タイピング練習を進める子ども、読みかけの本の続きを読む子どもなど様々です。机の中に本やキーボードをしまっておくなど、すぐに自習に取り組めるように自分で工夫している子もいます。このような隙間時間を無駄にせず、自習時間を確保していることで、棚の本を読破していたり、タイピングが速くなっていたり、知らない間に成長をしていることがよくあります。

◆休み時間

自習にするほどの時間もなかったり、5時間目で子どもたちも疲れていたりすると、早めに休み時間にすることもあります。しかし、隣のクラスが授業中かもしれないので教室の中で過ごすようにする、どこに行ったかわからないと困るので、トイレの時などは教師にひと声かけてから行くなど、年度当初から最低限のルールを守るようには伝えています。休み時間と授業時間が曖昧になりすぎることは学級経営的に良くありません。

7 ツールとしての使い分け

授業における板書の意味

誰でも、授業を行う際に板書計画を立てたことがあると思います。授業づくりにおける板書に関する教育書が多数出版されていたり、私の主観ですが研究会で模擬授業が行われる時も板書が重要視されていたり、授業づくりと板書は切っても切り離せない存在だと言っても過言ではありません。

笑い話のようですが、普段の授業ではチョークを用いて板書することも、研究授業の時だけは掲示物を作成して、板書を「それらしく見せる」なんていうこともあったりします。ここまで手段が目的化してしまうことは避けなければいけないと意識していますが、私自身も以前までは、「子どもたちの思考の流れをどのように板書に表すか」「授業が終わった時に学習した内容が振り返られる板書にしたい」というように考え、研究授業を参観する際も、終わった後の板書は必ず写真に収めて真似してみるなど、授業づくりにおける板書の存在をかなり重視していました。

しかし、これらは授業＝一斉授業という考え方をベースとしています。令和３年に中央教育審議会より答申として「『令和の日本型学校教育』の構築を目指して～全ての子供たちの可能性を引き出す、個別最適な学びと、協働的な学びの実現～」が示されて以降、一人一台タブレットなどのＩＣＴ機器も有効に活用しながら、個別最適な学びと協働的な学びを一体的に充実させることに主眼が置かれてきました。

このような中、授業＝一斉授業という考え方だけでなく、子どもたちの個々の課題に応じて学習を進める、自己調整学習や自由進度学習といった考え方も現場レベルで広がってきたように感じています。

「では板書はもう必要ないのか？」という疑問が聞こえてきそうですが、必要ないと言いたいわけではありません。板書かＩＣＴかという両極端な考え方ではなく、どちらも一つのツールとして考える必要があるということです。

ツールとしての使い分け

では、ツールとしての使い分けについて黒板と電子黒板を例に考えていきます。ツールとして使い分けるためには、それぞれの長所を生かしていく必要があります。

◆電子黒板の長所

電子黒板の長所は、事前に計画したことを待ち時間なく提示できることです。算数の文章問題など、板書すると時間がかかりますが、スライドで準備したり教科書をタブレットに入れておいたりすると、即座に提示することができます。写真は、道徳の授業で前時に子どもたちから出た考えをスライドとして準備して提示したものです。

◆黒板の長所

一方、黒板の長所は即興性です。子どもたちから出た考えを即座に書き記すことができます。電子黒板もメモ機能はありますが、スペース的に黒板に板書する方が無難でしょう。写真の道徳の授業でも、子どもたちから出た意見を黒板にメモし、可視化しています。授業の流れとともに、大枠は想定していますが、細かな板書計画を立てたりはしていません。

このように板書にこだわらずに一つのツールとして授業を考えていくと、電子黒板のみを使って黒板を全く使わない授業も出てきます。もちろん、その逆も然りです。

現在の学級では、電子黒板の使用頻度を鑑みて、黒板の三分の一のスペースを潰して、その前に電子黒板を置いています（写真を参照）。黒板を全面見えるようにして、教室の端に電子黒板を置いてしまうと、どうしても見えにくい子が出てきます。なるべく中央の見やすい位置に持ってくるための措置として行い、「どうしても黒板が必要になれば、その時だけ動かそう」と考えていましたが、結果として動かしたことは一度もありません。

ここでは黒板と電子黒板を例に挙げましたが、一人一台端末を用いて学習を進める場面も増えています。授業づくりの視野を広くもち、多様化しているツールを適切に活用していくことが大切です。

8 黒板を書き写すノート

問題と向き合う時間の充実

授業におけるノートの意味

一人一台端末が登場し、学習方法の幅が格段に広がりました。そのような中、これまで授業で当たり前のように用いられてきたノートの意味について、改めて目的に立ち返って考える必要があるのではないでしょうか。

算数の時間が始まると、めあてや問題文を板書し、子どもたちは黙々とそれをノートに書き写す。それが終わると、見通しや考えを自分のノートに書く。

特に疑いもせずに、このような流れでノートを書き写させていた時期がありました。このような指導は「ノートを丁寧に書く」という目的に対しては有効かもしれませんが、ノートを丁寧に書くことができれば、算数の学習内容を理解できるわけではありません。

ノート指導については様々な考え方がありますが、私個人としては、問題を丁寧に書き写す時間をとるよりも、その時間で問題とじっくり向き合う方が有意義だと考えています。ただ、ノートが全く必要でないと考えているわけではなく、目的に応じた活用をする必要があると考えています。

では、そのノートの目的について、子どもと教師それぞれの視点から考えていきます。

◆子ども視点でのノートの目的

まずは、必要な情報をノートに記録することです。大人になってからも研修や会議で記録をとったりすることがあると思いますが、それと同じです。必要な情報をすべて記憶することは不可能なので、それを補完するためにノートがあります。また思考の表現という側面もあります。算数で答えを言うだけでなく、なぜそうなるのかという過程を図や数直線を用いて説明するためにもノートが必要です。

◆教師視点でのノートの目的

教師視点では、学習状況の把握です。子どもたちが本時の課題に対してどのように考えているのか、単元のゴールに対する進捗具合はどれぐらいかということをノートから読み取っていきます。それらを評価や次の学習に生かしていきます。

▼問題と向き合う時間の充実

自分の中での目的を明確にすることで、その目的と照らし合わせて必要がないと思う活動は、大胆に削っていくことも可能になります。

例えば算数の授業では、問題文を板書し、それをノートに書き写すような「黒板を写す」という形のノートの活用は行いません。ノートの使い方や、それに伴った授業スタイルを見直し、そこで生まれた時間を子どもたちが課題と向き合う時間にあてています。

5年生の算数では、授業の前半10分程度が学習内容を理解するための時間、後半が自分のペースで学習する時間とし、Teams や学習動画を活用して子どもたちが自立して学習できる仕組みを整えています（詳しくは次節以降にて解説）。その問題の解答や思考場所としてノートを活用し、教師側としてもノートから学習の進捗を把握しています。

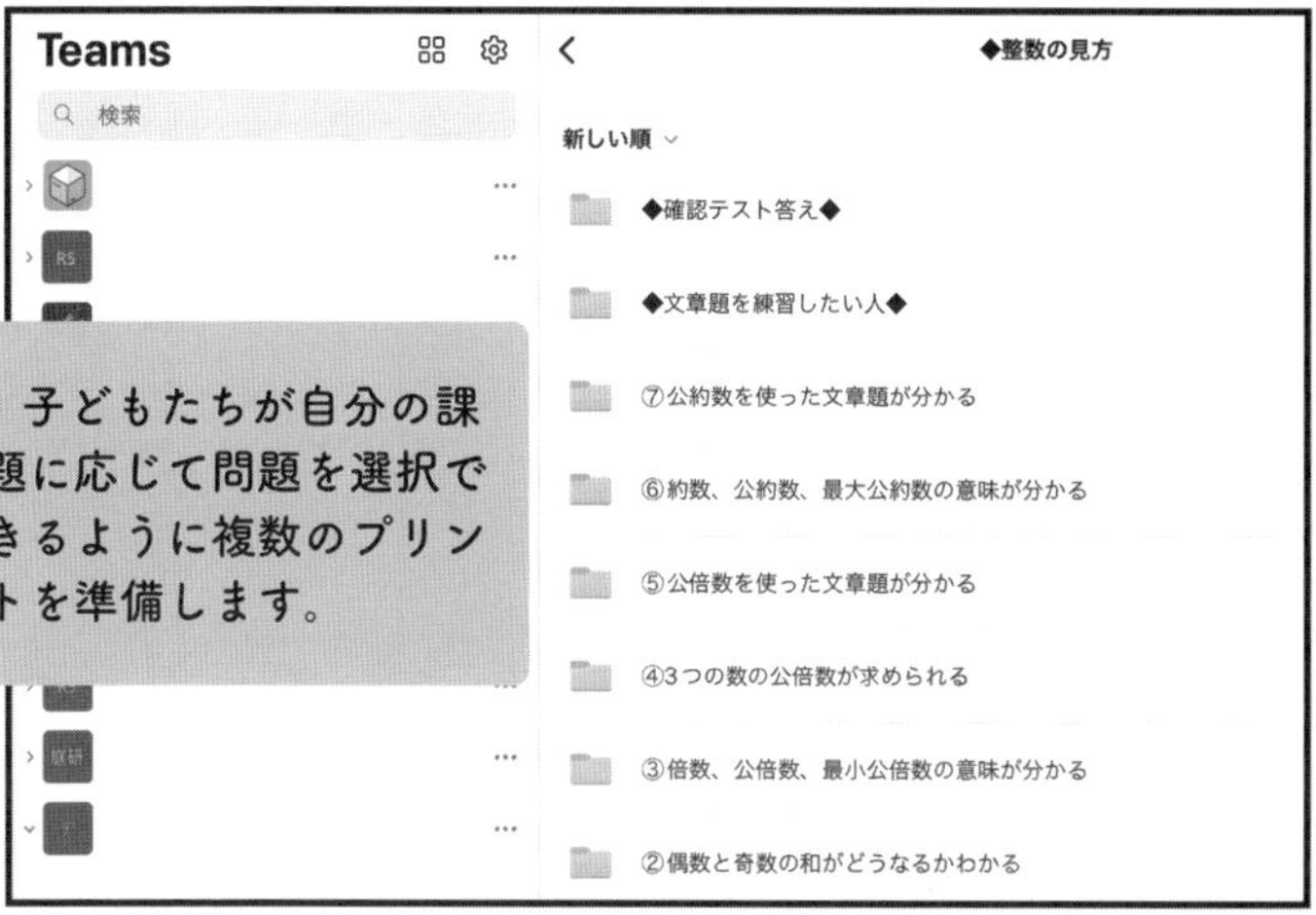

子どもたちが自分の課題に応じて問題を選択できるように複数のプリントを準備します。

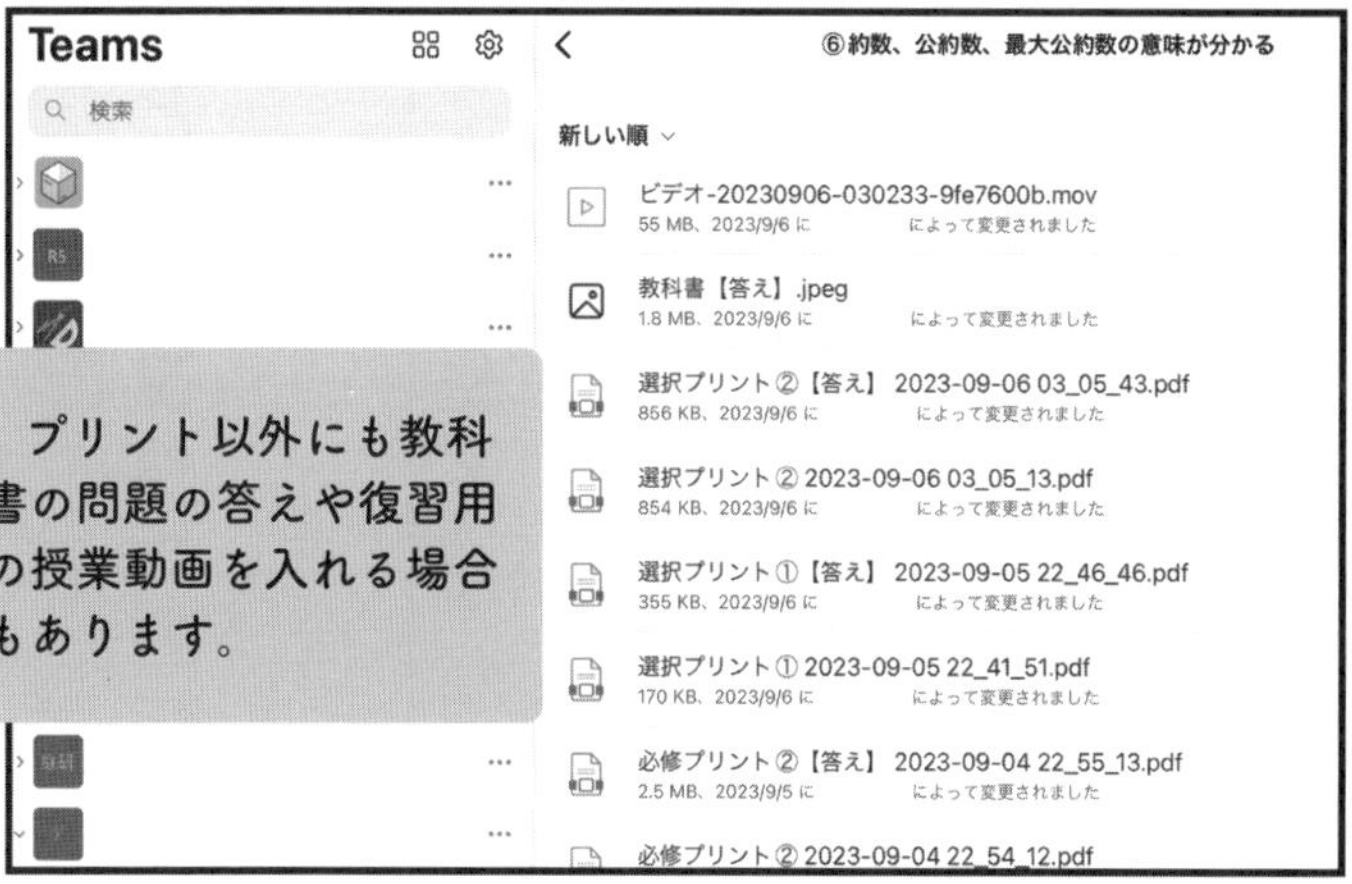

プリント以外にも教科書の問題の答えや復習用の授業動画を入れる場合もあります。

これらの問題の答えや自分の考えをノートに書きます。教師は、そのノートから子どもたちの学習状況を把握します。

9 「いい授業がしたい」という考え

「子どもの学びの充実」という視点への転換

「いい授業がしたい」の落とし穴

これまでの項目で、板書やノートを切り口に、授業に関する削るべき視点について論じてきました。ここでは、真正面から「授業づくり」について削るべき部分は何かということについて考えていきたいと思います。

まず、私は二年目の頃から、とにかく「いい授業がしたい！」と思い、研究会に参加したり、教育書を読んだりして、自分なりに学びを積み重ねてきました。初任の頃は学級を安定させることで手一杯という感じでしたが、二年目頃から少しずつ授業に対しての関心も高まってきたのでしょう。特に、国語の授業づくりに対しての課題意識が強く、国語の授業づくりに関する学会や研究会によく足を運んでいました。

物語文の教材を分析したり、導入での発問を検討したり、45分の授業展開について自分とベテランの先生を比較してみたり、板書での掲示物を工夫したり、挙げればきりがありません。

このように「いい授業がしたい」と考え、自己研鑽を積むこと自体は全くもって批判されるようなことではありません。むしろ若手の教師として望まれるべき姿だと思います（自分を例に出しておいて言うことではありませんが）。

しかし、この考え方の中で、いくつかの落とし穴があるということを理解しておく必要があります。その落とし穴について紹介していきます。

日常での再現性

まず、日常で再現できるかという視点です。研究会で参観する授業や発表される実践というのは、準備に膨大な時間がかかっているというケースが少なくありません。黒板に貼る掲示物やワークシートなど物理的な準備物だけでなく、教材分析から単元・本時の計画などの構想段階でかかる時間もかなりのものです。それだけの時間を費やして、研究授業当日に「45分のいい授業」ができたとして、その授業にどれだけの価値があるのかということを考えなければいけません。

もちろん、そこで得た知識や授業に対する考え方が、後々の教師生活の中で生きてくることは言うまでもありませんが、せっかく考えた授業を日常で再現できることがどれだけあるのかという部分を無視することはできません。

「日常」という二文字の中には、毎日複数教科の授業をしながら、朝から夕方まで子どもと関わり、夕方から退勤時間までは会議があり、その間に保護者対応や校務分掌の業務をこなすといった意味が含まれています。勤務時間中に授業の準備ができることはほとんどありません。そのような教師の日常をふまえて、時間対効果を意識した授業のあり方を考えていく必要があります。

▼「いい授業がしたい」の主語

続いては、「いい授業をする」という言葉の主語は「教師」であり、子どもではないということです。

すごい教師が子どもたちの興味・関心を高め、子どもたちが挙手をして、「次はどんなことをするのかな？」とワクワクしながら授業が進んでいく。このような教師に憧れを抱く気持ちもわからなくはありません。私も有名な先生の授業を参観して、発言や発問を事細かにメモし、自分のクラスでも同じように真似をしたことが何度もありました。

しかし、このように授業をする中で危惧すべきこととしては、この先生がいない時の子どもたちの学習はどうなるのかということです。実際に、新型コロナウイルスの流行による長期の臨時休校の際には、学校に行けない子どもたちが何をしていいのかわからず、学びが止まってしまったことが問題になりました。日常が戻ってきたからといって、その教訓まで忘れてしまって良いはずがありません。

では、「いい授業」を考えることは無意味なのか。そうではありません。教師を主語とした授業という枠組みにとらわれず、子どもの学びを充実させていくためにはどうすれば良いのかという、より広い視野で考えていく必要があるということです。

具体的な方法については、次の項目で記載していきます。

10 「いい授業がしたい」という考え

自立して学習できる仕組みを整える

仕組みの重要性

前の項目で「いい授業がしたい」という考え方の落とし穴について論じてきました。ここでは、その落とし穴を乗り越えるための方法を考えていきます。

先ほど述べた落とし穴を乗り越えるためには、自分自身が日常の業務と並行しながら再現可能で、子どもを主語として教師がいない中でも学びが止まらない形を考えていく必要があります。その二つを同時に実現していくためには、子どもたちが自立して学習できる仕組みを整えることが重要だと考えています。

子どもたちが自立するということは、教師がいない中でも学習を進めることが可能とな

三角形や四角形の面積【学習計画表】　名前

Step	内容	教科書	eボード	必修問題	計ド	授業動画
1	平行四辺形の面積の公式	P199~202	【3】	葉1.2 練1.2.3	【3】 1~5	https://youtu.be/2CLR79Lz1i0
2	平行四辺形の面積：練習	P203~204	【4】	葉3.4 練4.5	【3】 6~10	https://youtu.be/LDjKgOeihPg
3	三角形の面積の公式	P205~208	【1】	葉5.6 練6.7.8	【4】 1~5	https://youtu.be/60871Aullmg
4	三角形の面積：練習	P209~211	【2】	葉7.8 練9.10.11	【4】 6~10	https://youtu.be/BRPQRVwxhr0
5	高さと面積の関係	P212	×	葉9	【5】	×
6	台形の面積の公式	P213~215	【5】	葉10.11	【6】 1~3	https://youtu.be/Fwrwchh-j1M
7	台形の面積：練習	×	【6】	練12	×	https://youtu.be/Z10e2QBMMkY

るということは容易に想像できると思います。しかし、「じゃあ今日から教科書を読んで自分で学習を進めてね」と丸投げするわけにはいかないので、その仕組みを整えることが重要になってきます。

自立して学習を進める仕組みづくり

5年生の算数の学習で行った仕組みづくりを紹介していきます。「四角形と三角形の面積」という単元です。これまでの「授業」という固定観念をすべて捨て、教師が授業をすることをやめました。すべて「eboard」というサイトの動画と教科書で学習を進めました。写真のように学習計画表をデータで配付し、ステップという形で、この単元で何を学習していくのかを子どもたちが把握できるようにしています。各ステップでは、「eboard」の学習動画のリンクを貼り付け、iPadがあればいつでもどこでも学習を進められるようにもしました。

クラスで授業を行う際には、最初の5～10分で一緒に動画を視聴して、教師の補足説明も加えながら学習内容を理解していきます。その後、自分で教科書の問題を解いていきます。それが終われば、計算ドリルで復習をします。一般的に、計算ドリルは宿題で行うというイメージがありますが、ここでは授業と宿題の垣根は存在しません。

この仕組みは、算数が得意な子どもは、どんどん次のステップに進んでいくことができます。「eboard」を活用し、中学の数学を学ぶことも可能です。逆に苦手な子どもは、家で先に動画を視聴して教科書を進めてくることも可能です。時間ではなく到達度で区切っているので、クラスの算数が苦手な子も、昼休みなどに「先生、ステップ1のこの問題がわからないから教えてください」と自分で時間を見つけて質問に来てくれます。

また、教師にとっても、「eboard」という既存の動画を活用することで、授業準備の時間を大幅に減らすことができ、日常でも再現しやすくなります。準備だけでなく、授業中も子どもへの個別の声掛けなど、本当に必要なことに時間を使うことができます。

単元の学習内容を時間ではなく、内容のまとまりで記入します。

『eboard』の動画のリンク必要な時にタップして視聴。

三角形や四角形の面積【学習計画表】

名前

Step	内容	教科書	eボード	必修問題	計ド	授業動画
1	平行四辺形の面積の公式	P199~202	【3】	葉1.2 練1.2.3	【3】 1~5	https://youtu.be/ 2CLR79Lz1i0
2	平行四辺形の面積：練習	P203~204	【4】	葉3.4 練4.5	【3】 6~10	https://youtu.be/ LDjKgOeihPg
3	三角形の面積の公式	P205~208	【1】	葉5.6 練6.7.8	【4】 1~5	https://youtu.be/ 60871Aullmg
4	三角形の面積：練習	P209~211	【2】	葉7.8 練9.10.11	【4】 6~10	https://youtu.be/ BRPQRVwxhr0
5	高さと面積の関係	P212	×	葉9	【5】	×
6	台形の面積の公式	P213~215	【5】	葉10.11	【6】 1~3	https://youtu.be/ Fwrwchh-j1M
7	台形の面積：練習	×	【6】	練12	×	https://youtu.be/ Z10e2QBMMkY
8	ひし形の面積の公式	P216~217	【7】	葉12	【6】 4~6	https://youtu.be/ 3Zjq5b57rDA
9	ひし形の面積：練習	×	【8】	練13	×	https://youtu.be/ vCun_QldWiU
10	一般四角形の面積を求める	P217	×	葉13 練14	【6】7~8	×
11	およその面積	P218	×	葉14	【6】9~10	×
12	発展問題	P219	×	学んだことを使おう	×	×
★	テスト					

日程	予定	ふりかえり	日程	予定	ふりかえり
11(木)	【Step1〆】		22(月)	【Step8〆】	
12(金)	【Step2〆】		23(火)	【Step9〆】	
15(月)	【Step3〆】		24(水)	【Step10〆】	
16(火)	【Step4〆】		25(木)	【Step11〆】	
17(水)	【Step5〆】		26(金)		
18(木)	【Step6〆】		29(月)		
19(金)	【Step7〆】		30(火)	テスト	

学習の予定や、その日のふりかえりを記入します。

「単元の学習内容」「テストまでの時間」などが把握できるからこそ、ゴールと現在地が明確になり、その差を埋めるために主体的に学習を進めることができます。

11 研究授業の指導案の型

書きたいように書いてみる

指導案の意味

研究授業の際に一般的に必要になってくるのが指導案です。私が初めて研究主任を担当した時に、国語を研究教科として校内研究を進める提案をしました。提案が通って校内研究がスタートし、国語の研究授業が行われることになったのですが、最初に議論になったのが指導案の書き方です。「国語だから縦書きで書いた方がいいのではないか?」「『児童について』と書くのか、『児童観』と書くのか?」など、真剣に議論されていました。

もちろん校内研究として進める以上、ある程度の型は必要かもしれませんが、研究する目的が変われば指導案で重視すべき項目も変わっています。評価の研究をしているのであれば、評価計画が重視されるべきで、授業中に対話的な学びをどう生み出すのかということであれば、45分の本時の展開が重要になってきます。

このように、指導案の形は研究の目的によって流動的に変化しうるものです。その中で最も避けるべきことは、綺麗な指導案を完成させることが目的になってしまうことです。どれだけ良い指導案でも、重視すべきは、授業であり、目の前の子どもです。その授業を行った意図や単元としてどうつながっているかなどが資料として用意されていることによって、より研究が推進されるということが指導案の本来の目的であるはずです。

指導案のあり方

研究主任として最も胃の痛い仕事が、研究授業の授業者を探すというものです。研究授業を考えたり、指導案を書いたりすることを負担に思う教師は多いです。

本来は研究を推進することが目的であるはずの指導案があることによって、研究の妨げになっているということも珍しくないと思います。こういったことを避けるために、指導案のあり方から考え直すということも校内研究を推進する上で重要な視点です。

何年も前から慣例で同じような型が使われている場合は、研究テーマに沿った必要な項目のみを残し、思い切って必要のない項目を削っていくことも一つの手です。

書きたいように書く

また、型なんて決まっていないという学校や、自分自身も負担に感じているというような先生も多いと思います。そのような場合におすすめなのが、思い切って、自分が書きたいように書いてみるということです。

「こう書かないといけない」という縛りがある中で書くと、どうしても「誰かにさせられている作業」になってしまいます。誰かにさせられている作業としてではなく、自分の課題意識に基づいて、書きたいように書くことができれば、指導案を書くこと自体が楽しくなってきます。精神論だと感じるかもしれませんが、研究自体を楽しむことができるというのは、教師にとって大きな強みになってきます。

次のページで、私が5年目研（5年目の教師が受講しなければいけない研修）で書いた指導案の流れを紹介します。

日時や場所、単元名など必要な項目は残して、後は自分が書きたいように書きます。

○○科学習指導案

○○市立○○小学校
指導者　○○　○○

研究テーマ

1. 日　　時
2. 場　　所
3. 学年・組
4. 単 元 名
5. 単元目標
6. 指導について
◆問題意識
　本学級では、国語の物語文の学習において、教材の読みを深めるために「読み方」を重視して指導を行っている。例えば「登場人物の心情を読み取る」という場面では、どのように心情を読み取ったかということではなく、「心情を読み取る時には、会話文や行動・情景描写に着目すれば良い」というように、読み方に終着していく。これにより、別の教材にその「読み方」を活用して読むことができたり、その他の問題解決場面などに活用ができたりすると考えられることが多い。しかし、これまで実践を行いながら、子ども達が「読み方」を獲得することと、それを活用して読むことの間に高いハードルを感じている。
◆問題意識に対する手立て
　〜〜〜
　本実践では、これらの考察から〜〜〜を意識した単元・授業展開を行っていく。
提案①
　〜〜〜〜〜
提案②
　(1)〜〜〜
　(2)〜〜〜
　(3)〜〜〜
7. 単元の評価規準
8. 単元計画
9. 本時の指導
①目標：〜〜
②評価規準：〜〜
③展開

・学習内容、活動	○指導上の留意点 ■評価方法

【引用・参考文献】

当時の指導案で実際に書いた文言。

研究テーマに基づいて、自分が感じている問題意識やそれに対する手立など、今回の授業や単元を計画している意図を項目立てて記載しています。（実際はA4用紙３枚程度）

12 成績集計表を自分で作成する

既存の成績集計表を使うメリット・デメリット

教師の仕事の一つとして成績処理があります。学校や自治体によって違いがあるとは思いますが、私の自治体では通知表の項目ごとに「よくできる(a)」「できる(b)」「もう少し(c)」という3段階で評価を行います。テストで評価を行う項目については、テストの採点を終えた後に、成績集計表に点数を記録し、「90点以上であればａ」のように一定の基準ごとにａｂｃの評価を行います。

この成績集計表としてよく用いられるのが、テストを購入した時に付属しているソフトです。以前までは、付属のソフトにお世話になっていました。簡単な操作でテストの点数を入力することができ、基準や点数を入力すれば自動でａｂｃの評価が算出されるので、機械が苦手な人にとっても使いやすす仕様になっているという点がメリットだと思います。

しかし、デメリットとして、次年度にテストを購入する業者が変わると、また別のソフトをインストールして使用するという手間が発生します。また、私のように細かい部分までこだわりたい人間にとっては、「ここの仕様をもう少しこうしたい…」というように自由度の低さに苛立ちを覚えてしまうこともあります。

自分でつくるメリットとデメリット

そこで私が現在取り入れているのは、Excelの関数を利用して自分で成績集計表を作成するという方法です。成績集計表の具体については２０１ページで紹介しますが、この方法はExcelに長けていないとダメというような複雑な方法ではありません。私自身も普段の仕事でExcelを活用することは少なく、使ったとしても合計や平均を算出するなどの簡単な関数ばかりです。

まず、自分で作成することのメリットについて紹介します。最大のメリットは、自分が必要だと思う機能を追加したり、後からアレンジをしたり、自由度が高いということです。第1章で、週案を自分で作成するということについて述べましたが、このメリットも同じで、仕事で必要なツールに関しては、「自分で作成する」という方法が最も自由度が高く、ストレスの少ない方法になってきます。

また年度が変わっても繰り返し使うことができるという点も大きなメリットです。基本の枠組みは年度や学年が変わっても同じなので、名簿など細かな点を変更するだけで繰り返し使うことができます。

一方デメリットに関しては、どんな機能を入れるかということを考えたり、必要な数式について調べたり、最初の型を作成するのに少し時間がかかるということです。

ただし、成績処理に関わらず、仕事の効率化を考えていく上では、「最初に時間をかけて仕組みを整える」ということを避けて通ることはできません。

一般的な表を作成し、
番号や名前、点数を入力します。

ExcelのオートSUMを利用して平均を算出します。

教科名		知	思	知	思	知	思	知	思	知	思	知	思
番号	名前	データの見方		円の面積		体積		※随時追加		平均		成績	
1	A	100	70	90	100	90	50			93.3	73.3	a	b
2	B	85	40	95	100	95	100			91.7	80	a	b
3	C	70	90	65	60	65	90			66.7	80	b	b
4	D	90	90	85	50	85	80			86.7	73.3	b	b
5	E	87	70	90	70	90	95			89	78.3	b	b
6	F	65	90	100	70	100	70			88.3	76.7	b	b
7	G	75	45	100	45	100	45			91.7	45	a	c
8	H	99	90	95	90	95	55			96.3	78.3	a	b
9	I	100	100	100	80	100	95			100	91.7	a	a
10	J	100	90	90	90	90	85			93.3	88.3	a	b

IF関数を利用して、「90点以上はa
60点以上はb、60点未満はc」となるように
数式を入力する。数式は下のように入力します。

```
fx =IF(L4>=90,"a",IF(L4>=60,"b",IF(L4<60,"c","")))
```

一般的な表に平均や成績部分だけ数式を入力しているシンプルなものです。シンプルなので、学年が変わっても使うことができ、必要に応じてアレンジしていくことができます。

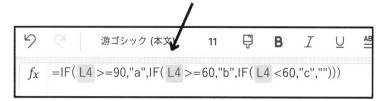

13

作文や日記の内容へのコメント

構成を客観的に評価する

子どもの作文や日記の内容に対して、コメントを書くという場面があると思います。例えば、「夏休みの宿題として絵日記を提出させ、コメントを書いて掲示をする」「国語の学習で書いた作文にコメントを書いて返却する」などです。

どちらも私自身が過去に行ったことのあるものですが、今は行っていません。なぜなら、学級に30人以上いる子どもに対して、一人ひとりコメントを書くというのは時間がかかりすぎるからです。教育効果が高いのであれば、時間をかける価値はありますが、コメントを書くことによって、子どもたちの文章力が格段に向上するようなことは考えられません。教師のコメントを読んで、「次もがんばって書こう」と意欲を高める子どもはいるかもしれませんが、そのコメントを毎回継続できるかという視点も必要になってきます。

優先順位を考える

コメントを書くこと否定しているわけではありません。「普段はなかなかできないけど、今回は時間があるから、子どもたちを励ますためにコメントを書きたい」のように、本当にやりたいと思ったことに関しては時間を気にせず取り組むべきだと思います。第２章でも優先順位を考える際の視点について紹介しました。一つは「時間」、もう一つが「自分」です。時間という軸だけでなく、自分自身がその取り組みを本当にやりたいと思えているかどうかは重要です。

ただし、「周りの先生もやっているから」のような気持ちで行っているのであれば、見直す価値があるのではないかと思います。

構成を客観的に評価する

文章の内容へのコメントはやめましたが、文章構成について評価をして返却するということは継続して行っています。

日記や作文への子どもたちの困り感として、「書き方がわからない」というものをよく耳にします。それに対して、書いている内容にコメントをして励ますよりも、書き方（文章の構成）を指導する方が直接的な効果を発揮するでしょう。もちろん、全員の子どもの文章を見るため時間はかかりますが、評価をするポイントを絞っておけば、コメントを書くよりも、時間を大幅に短縮することができます。

具体的な手立てとして、次のページの表のように、文章の書き方をまとめたものを「作文の必殺技」と題して、子どもたちに配付します。この表は2年生に配付していたものです。子どもたちが作文を書く時に、いくつかの必殺技を書く時の条件として伝えます。その条件がすべてクリアできていたらA、示した基準以上クリアできていたらBのように評価をします。この方法で日記や作文などのチェックを行えば、教師側からしても時間短縮になり、子どもにとっても何ができて何ができていなかったのかが明確になります。

学年に合わせて、必殺技として扱う内容を考える。この表は２年生で使用したものです。

作文 の ひっさつワザ

レベル１	① 文字	・マスからはみ出ない ・ていねいな字 ・かん字
	② 丸（く点）	。　文のさいごにかならずつけよう。
	③ 点（読点《とうてん》）	、　文の切れ目につけよう。
	④ かぎ（カギカッコ）	「」　会話文につけます。 会話文の時は行をかえて書きます。
レベル２	①だんらく	話がかわる時は、だんらくをかえましょう。
	②くっつき言葉《ことば》	「は」「を」「へ」
	③うごきの言葉《ことば》	「あるく」「はしる」など…たくさんあります。
	④ようすの言葉《ことば》	「大きい」「小さい」など…たくさんあります。
レベル３	①じじつの文	・したこと・言ったこと　など
	②かんそうの文	・思ったこと・かんがえたこと　など
	③りゆうの文	「〜だからです。」
レベル４	①はじめ、中、おわり	はじめ … わだい 中 … くわしいできごと おわり … まとめ、かんそう、よびかけ
	②小見出し	小さなタイトル　〈〇〇〇〇〉
	③かじょう書き	・を使って書く　・〇〇〇〇
	④主語	「だれが(は)」「なにが(は)」
	⑤述語	「どうした」「どんなだ」「なんだ」
	⑥つなぎ言葉	「まず、つぎに、それから、こんどは、さいごに」など

「必殺技」として、一つひとつの書き方に対する名前もセットで教えておくことで、自分は何ができて、何ができていないのかということを、より明確に把握することができます。

おわりに

今の学校現場では、選択肢を一つに絞ることができず、たくさんの「良い」活動を取り入れてしまうが故に、その「良さ」が相殺されてしまっていることが散見されます。また、教育現場のブラックさが度々世間で取り上げられるように、授業や学級づくりなどの子どもと直接関わること以外にもやるべきことは無数に存在します。

そのような中、「やりがい」や「子どものため」といった言葉で問題に蓋をしたり、学校組織や教育委員会のせいにして、置かれている環境を嘆いたりしても、状況が好転することはありません。もちろん、組織として変えていくべきものがあるのも事実です。しかし、学級担任など一教諭レベルで変えていくことができるものも多数存在します。本書では、そこに焦点を当てて、実践や、そのベースとなる考え方を紹介しました。

本書で紹介した「削る」という視点が、多くの先生方の余裕のある働き方や、より良い教育活動を実現する一助となることを願っています。

西尾勇佑

■参考文献一覧

・堀江貴文『多動力』（幻冬舎）
・岸見一郎、古賀史健『嫌われる勇気』（ダイヤモンド社）
・岩瀬直樹『クラスづくりの極意』（農山漁村文化協会）
・グレッグ・マキューン／高橋璃子訳『エッセンシャル思考』（かんき出版）
・めがね旦那『その指導は、しない』（東洋館出版社）
・三好真史『教師の最速仕事術大全』（東洋館出版社）
・こう『結局、定時退勤が子どもたちのためになる』（明治図書）
・土居正博『クラス全員が熱心に取り組む！漢字指導法』（明治図書）
・庄子寛之・江澤隆輔『教師のためのライフハック大全』（明治図書）
・坂本良晶『さる先生の「全部やろうはバカやろう」』（学陽書房）

【著者紹介】

西尾　勇佑（にしお　ゆうすけ）

1993年大阪府生まれ。大阪府公立小学校教諭。

５年間の小学校教諭経験を経て，教育委員会指導主事として教育相談や研修，ICT に関する業務に携わる。２年間指導主事として経験を積んだ後，学校現場に戻り，学級担任として勤務。SNS を通した情報発信に力を入れている。Instagram のフォロワー数は2.5万人を超え，Voicy パーソナリティも務める。

Instagram：https://www.instagram.com/yuuu_240_

Voicy：https://r.voicy.jp/EGV3E4dMmyb

忙しい先生のための「削る」仕事術

2024年７月初版第１刷刊 著　者　西　尾　勇　佑

発行者　藤　原　光　政

発行所　明治図書出版株式会社

http://www.meijitosho.co.jp

（企画）新井皓士（校正）吉田　茜

〒114-0023　東京都北区滝野川7-46-1

振替00160-5-151318　電話03(5907)6701

ご注文窓口　電話03(5907)6668

＊検印省略

組版所　長野印刷商工株式会社

Printed in Japan　ISBN978-4-18-203521-0